"一带一路"故事丛书 第二辑

共同梦想

A BRIGHT
SHARED FUTURE

商务部研究院 编

中国商务出版社
人民出版社

前 言

中国国家主席习近平在出访哈萨克斯坦和印度尼西亚时，先后提出共建"丝绸之路经济带"和"21世纪海上丝绸之路"的重大倡议。共建"一带一路"，遵循共商共建共享原则，秉持和平合作、开放包容、互学互鉴、互利共赢的丝路精神，以政策沟通、设施联通、贸易畅通、资金融通、民心相通为重点，开辟了世界经济增长新空间，搭建了国际贸易和投资新平台，拓展了全球经济治理新实践，为增进各国民生福祉作出了新贡献，为推动共建人类命运共同体贡献了中国方案。

从谋篇布局的"大写意"，到精谨细腻的"工笔画"，共建"一带一路"的壮美画卷徐徐展开，放发出新时代的灿烂光芒。共建"一带一路"倡议源于中国，更属于世界；根植历史，更面向未来。共建"一带一路"是各方共同打造、全球广受欢迎的公共产品，跨越不同地域、不同发展

阶段、不同文明，处处落地生根、开花结果，演绎着携手合作的繁荣景象，展现着共建人类命运共同体的强大力量。越来越多声音讲述着许多国家千百年梦想成真的故事，讲述着许多普通民众命运改变的故事，讲述着许多中国建设者在异国他乡无悔奉献的故事……这一个个故事，因人物真实而更显鲜活，因情感真切而愈加动人。

在实际工作中，我们有幸接触到大量这样的故事，亲眼看到合作项目落地后带来的巨大变化，亲耳听到普通民众的由衷赞美，亲身感受到共建"一带一路"的勃勃生机，深深为之感动。我们觉得有必要把这些故事记录下来、讲述出来、传播开来，与更多人分享发展的心声、圆梦的喜悦。

为此，我们组织中外专家，精心编撰《共同梦想——"一带一路"故事丛书》。期待丛书的出版，让更多人了解推动共建人类命运共同体的重大意义，了解中国人民梦想同世界各国人民梦想是息息相通的，了解共建"一带一路"是推动共建人类命运共同体的重要实践平台。我们希望越来越多的人受故事感染而产生共鸣，积极投身共建"一带一路"伟大实践，秉持共商共建共享原则，坚持开放、绿色、廉洁理念，按照高标准、惠民生、可持续目标，推动共建"一带一路"走深走实、行稳致远、高质量发展，共同走好和平之路、繁荣之路、开放之路、绿色之路、创新之路、文明之路、廉洁之路，携手共建持久和平、普遍安全、共同繁荣、开放包容、清洁美丽的世界。

"一带一路"故事丛书

编辑委员会

2019 年 10 月

目录

"生命之河"上的新地标……………………………………001

让希望像甘蔗花在贝宁盛放……………………………013

多米尼克农业的新希望…………………………………025

横跨中亚地区的能源彩虹………………………………037

在罗马尼亚传递骑行的快乐……………………………049

希拉有了"净水器"………………………………………063

暹罗湾畔工业园…………………………………………077

马普托湾上的"梦想之桥"………………………………089

通往安巴的新门户………………………………………103

"创造太阳"创造未来……………………………………113

"巨石"般矗立的中白工业园·····················125

征战埃博拉·····································139

"老字号"马里博尔重焕青春·····················153

卢旺达的电商新平台·····························165

为梦想插上翅膀·································177

开启药品"马里造"的人福非洲药业···············191

绿色光伏照亮旁遮普大地·························201

中匈商贸物流共同发展的金桥·····················215

万村通 心相通·································229

粮油丝路暖民心·································245

后 记···257

"生命之河"上的新地标

作者：胡一峰

[印度尼西亚] 阿卜杜·哈瑞斯·苏巴达

芝马努河，位于印度尼西亚首都雅加达以东230公里处的西爪哇地区，被当地人民视为"生命之河"。千百年来，这条河蜿蜒流淌在崇山峻岭间，滋养着这片土地，但也常常让人苦不堪言：

雨季，河水泛滥，大片土地惨遭淹没；

旱季，河水断流，民众又饱受干旱之苦。

以至于，尽管下游土地肥沃，但由于自然条件恶劣，灌溉得不到解决，几乎无法种植农作物……

20世纪60年代，印度尼西亚政府就规划修建大坝，历经多国公司设计、论证，却由于种种原因一直未能实现。

▼ 俯瞰加蒂格迪大坝

半个世纪后，由中国企业建造的长 1670 米、高 110 米的加蒂格迪大坝落成——中国和印度尼西亚两国人民携手，终于修成了这座大坝，成为造福印度尼西亚人民的民心工程。

润农田 暖民心

大坝建成后，芝马努河变成了一匹被驯服的烈马。

因雨量不均导致的洪涝和干旱问题解决了！

不仅如此，下游 750 平方公里的地区可以抵御百年一遇洪水的侵袭，每年减少洪涝灾害损失 270 万美元；每年增加 31 万吨水稻产量和 3750 万美元农业收入。

9 万公顷灌区获得了可靠、稳定的灌溉水资源，因此而受益的下游居民至少有 480 万。

…………

芝马努河周边主要是农田。从前，村民们除了种田基本没有其他收入来源。受洪涝旱灾影响，农田的收成很不稳定。但大坝的修建，让大多数村民有了固定可观的收入。

欧多一家住在加蒂格迪大坝下游约 12 公里。这个三代同堂的六口之家只有六亩地。除了日常家用，两个孩子上学还要花不少钱，仅靠种田根本难以维系。这里一年只能种两季水稻，雨季时亩产能达到 450 公斤，旱季却最多只有 220 公斤。每到农闲时节，欧多都不得不离乡背井外出打工来补贴家用。

2015 年，加蒂格迪大坝成功蓄水，显著改善了当地的种植条件，雨季"闹心"的洪水不见了，旱季可以 24 小时不间断放水，下游的灌溉得到了保证。

从前，水稻抽穗扬花的关键时节恰恰是在旱季，即使村民们打井抽水，农田的产量依然大幅降低，连百姓的生活生产用水都受到限制。

▼ 加蒂格迪大坝下游灌溉的农田

如今，即使是大干旱也渴不到中下游地区的庄稼了，水稻产量明显增加，只要耕作及时，每年可以多种一季稻。

对欧多来说，这是看得见、摸得着的幸福。

收成稳定了，收入增加了。欧多即使不出去打工也能满足日常开销，生活越来越宽裕，一家人其乐融融地团聚在一起，别提多美了。

"50多年前，政府就开始规划建设水库，我们几十年的梦想在中国企业手中实现了！"欧多和村民们都不住地称赞这个水坝。

搭上致富的顺风车

大坝不但驯服了芝马努河，让它乖乖造福于民，还让大家都搭上了致富的顺风车。

项目建设期间，带动当地2000多人就业，相当于附近10多个村庄超过一半的人口。不仅如此，当地人民的收入水平也大大提高了。

项目建设方中国水电建设集团还为当地员工提供了培训，将技术、方法和工作原理倾囊相授。"请当地人参加大坝修建，并非简单地让他们'卖力气挣饭吃'，而是要让他们学会管理好自己的大坝。"——集团负责人如是说。

▲ 努沙佩尼达岛精灵海滩

在参与大坝修建的 10 年里,当地村民阿塞普掌握了大量测量工作技术和经验。

现在,他成了印度尼西亚本地企业争抢的人才。

阿塞普说:"我的中国朋友们热情友好,他们非常敬业和努力,总是慷慨地和我们分享知识和技能。我真希望能一直在这里工作下去。"

大坝建成后,库区的湖面波光粼粼,碧水蓝天,青山环绕,美不胜收。

加蒂格迪大坝很快就成了西爪哇地区的著名地标,慕名而来的游客络绎不绝。

当地政府在湖边修建了游船码头，购置游船，供游客乘船游览，旅游产业蓬勃发展了起来……

在这里生活的村民们，有的到景区工作，有的自己开店，还有人把集市修到了库区。当地传统特色美食在集市上尤其受人欢迎，特别是椰子糖，经常卖断货……

阿尼一家，就在库区开了一家餐馆。

▼ 印度尼西亚巴厘岛水神庙

"我丈夫就在大坝项目工作，我们用他挣来的钱开了这家小店。白天我可以一边照顾孩子一边看店，一到周末，来玩的游客特别多，店里的生意好得不得了。"说起自己幸福的小日子，阿尼脸上笑开了花。

距离加蒂格迪大坝只有一公里的吉江井村，也是参与工程建设的主要村庄，绝大部分村民从大坝开工初期就从事与之相关的工作，提高了收入，盖起了新房。

5 年前，这里还是一片低矮破旧的老房子。

现在，这里已经成为充满活力的山间小镇。

未来，加蒂格迪水电站建成后将带来稳定的电力供给，而这又将吸引外来投资，陆续建设成贸易区、农业区、水产养殖区、工业区和酒店别墅旅游区……一幅经济多元发展的美好图景将展现在人们面前。

提起未来的生活，大家都笑着说："我们的好日子还在后头呢！"

合作共谱"发展曲"

大坝是钢筋水泥修成的，也是中国和印度尼西亚两国的情谊、智慧和汗水凝结而成的，称得上一首两国人民合作谱就的"发展曲"。

在推进大坝建设的过程中，中国和印度尼西亚双方工作团队互相配合，优势互补。中方认真分析了之前印度尼西亚方关于大坝的相关资料，又进一步研究了多种影响因素，完成了长达 10 万多字的《复核设计报告》。

中国水电建设集团与 CIC（印度尼西亚四大国有公司 WIKA，WASKITA，HK，PP 联营体）组成松散联合体共同作为项目承包商，分别负责各自范围的工程及管理。双方都派出了最有建设经验的技术和管理人才，共同商议，共同解决问题，保障项目顺利推进。

项目业主方印度尼西亚公共工程和住房部水利司芝马努河流域管理委员会，则组建了一支年轻又精干的项目管理团队，24 小时与施工现场保持联系，现场办公室人员实时在线，一起解决设计和施工中出现的问题。

就这样，两国人民共同携手修成的大坝给芝马努河这匹"烈马"套上辔头，让它乖乖地造福印度尼西亚人民。

2014 年 6 月，国际大坝委员会 40 多名专家慕名来到大坝施工现场，参观了填筑施工、灌溉洞、溢洪道及弧形闸门安装等工地，听取了相关介绍，纷纷赞叹道："加蒂格迪大坝工程堪称印度尼西亚水利建设项目的典范。"

在改变生活面貌的共同奋斗中，中国建设者和当地人民缔结了深厚的感情。

▲ 大坝蓄水后的放鱼苗仪式

中国企业帮助他们修路，修水井、排水沟，修缮学校，在水库投放鱼苗……

当地人过生日、娶媳妇、生孩子等庆祝活动都热情邀请中国朋友参加……

河流滚滚向前，浇灌农田，滋润民心。有了加蒂格迪大坝这座新地标，芝马努河两岸的人民不用再担心受旱涝之灾、贫困之苦。

曙色东方，晨曦中远眺加蒂格迪大坝，它将托起"生

▲ 晨曦中远眺加蒂格迪大坝

命之河"，迎接风雨和朝霞，点亮人们的希望，为更多的家庭带来美好生活。

项目概况

印度尼西亚加蒂格迪大坝由中国水电建设集团国际工程有限公司承建，2015年8月正式下闸蓄水。大坝上游控制流域面积1460平方公里，坝顶高程265米，最大坝高110米。水库死水位230米，正常水位260米，总库容10.63亿立方米，为多年调节水库。

二期水力发电工程将于2020年落成使用，电站装机容量110兆瓦，年平均发电量约4.5亿千瓦时。按现在项目周边的用电价格每度800印度尼西亚盾计算，每年将为印尼方增加经济收入3600亿印度尼西亚盾，约合4045万美元。

让希望像甘蔗花
在贝宁盛放

作者：李邨南

[贝宁] 奥古乔罗·特兰奎林

在大西洋沿岸，有一个美丽的国家——贝宁。在这里，有着大片的甘蔗田，到了花季，粉色的甘蔗花亭亭而立，摇曳生姿，十分美丽。贝宁人常说，他们国家的土地是带甜味儿的，甘蔗花是他们的幸福之花。故事要从一家叫"索科贝"的企业讲起。

制糖人的日子甜了

贝宁的土壤适合种甘蔗，而甘蔗可以制糖。早在 20 世纪 70 年代初，贝宁就把糖业作为重要产业，与尼日利亚联邦共和国合作共建"贝宁萨维糖联"，1983 年 3 月正式投产。但由于工厂大型设备配套不合理，在组装配置时存在先天缺陷，加之农业条件存在不足，导致生产效率低，能源消耗大，生产成本高。"贝宁萨维糖联"几经易主，仅存活了六个榨季，1990 年以后就停产了。那时的贝宁制糖人，日子并不甜蜜，粉红色的甘蔗花似乎也无精打采。

为了扭转局面，贝、尼两国政府公开招标，选择新承租人。中国成套设备进出口（集团）总公司（简称"中成集团"）参与投标并最终获得了承租权，成立了贝宁境内唯一的制糖企业——中成贝宁糖业股份公司（SUCRERIE DE COMPLANT DU BENIN，中文简称"索科贝"，法语简称"SUCOBE"）。

　　索科贝位于贝宁丘陵省境内的萨维市郊区，距首都科托努约 260 公里。作为一家农、工、贸联合企业，它主要从事甘蔗种植和白糖的生产及销售，填补了贝宁制糖业的空白，给贝宁人民的生活增加了甜味儿。

　　索科贝诞生之初，接手的基本是一个烂摊子。偌大的农场只有 1000 多公顷生长了四年多的宿根老甘蔗。大面积蔗田长期荒废。道路、涵洞、排水沟渠、灌溉设施均有损坏。工厂设备、农机设备年久失修，许多关键部件遗失。企业管理人才、技术熟练员工大量流失，尤其是电力、煮糖、清洁、汽轮机车间等关键岗位，更是如此。

　　要让一家已经停产 10 多年的企业焕发生机，可不是件容易的事。中方人员发挥聪明才智，带领贝方员工清理排查原有设备，投入大量人力、物力、财力，为工厂、农场的正常运转奠定了坚实的基础。为使生产工艺符合当地条件，中方对工厂进行了 90 余项技术改造，用中国设备及中国技术逐步替换设计配套不合理的原有设备，以亚硫酸法代替原生产工艺，放弃原糖及精糖生产线，改造成为白砂糖生产线，生产出了合格的食用白糖及酒精。

　　同时，中方还采购了各式拖拉机、交通车及其他农用机械，为农场的运营奠定了基础。2018 年从公司退休的资深电力工程师杜北多次说：多亏了中方在硬件方面的投入以及对电力系统的改造，否则拿什么来支撑这么大面积蔗田的灌溉动力。

▲ 索科贝厂区内的农业机械

就这样，索科贝仅用四个榨季就将全部 4935 公顷土地开垦和翻种完毕，并取得了一个榨季 25.8 万吨甘蔗的好收成，这也是公司历史最高产量。现在，索科贝的白糖产量维持在每年 16000 吨，其中，80% ～ 85% 用于出口尼日尔，15% ～ 20% 在当地销售，主要作为生产原料供应贝宁境内最大的饮料厂 SOBEBRA。

索科贝在生产经营中始终严格按照租赁协议及当地法律、法规缴纳租金及税款，极大地推动了萨维地区乃至丘陵省的社会经济发展。

　　随着企业的发展，索科贝当地员工的工资及津贴也不断提高。2017 年，索科贝合同工年平均工资约为 160 万西非法郎，约合 2700 美元，收入处于贝宁当地中上水平（贝宁 2017 年的人均国民总收入为 825 美元）。

　　收入的提高改善了生活质量，索科贝员工在萨维市及周边地区盖起了自己的房子，购置了摩托车甚至汽车。索科贝每年还向员工提供无息助学贷款，帮助员工子女上学读书。

　　因此，人们一说起索科贝，总是充满了自豪。公司供销部助理罗朗说，他正式和公司签署合同那天，激动地留下了泪水。这么多年过去了，罗朗始终保持着对工作的责任心，工作勤勤恳恳。每次聊起公司，他都会感

▼ 贝宁别具特色的独木舟

慨地说："当我刚到索科贝工作的时候，连一双普通的拖鞋都买不起。后来，我买了田地，盖了房子，娶了老婆。2016年，我添置了一台二手丰田车，2019年我又新盖了房子，准备开始收租啦。在索科贝工作，让我拥有了改变命运的机会。"

司机埃利斯当年到公司时，第一个孩子刚刚出生。现在，他已经是四个孩子的爸爸了。他说："我希望等到退休的时候，我的孩子们可以在这片土地上继续工作，希望他们的孩子也是。"

当地人把一代人乃至几代人美好生活的期盼，寄托在这个给他们带来希望的企业上。这不仅是因为索科贝给当地人带来了实惠，更是因为索科贝促进了贝宁产业的发展。

干木薯里的致富经

索科贝促进了当地经济发展，推动了与糖业相关的产业逐渐集聚，改善了贝宁长远发展的产业基础。甘蔗制糖的副产品是糖蜜，由于糖价较低，利用糖蜜生产酒精不失为增加利润的良策。索科贝早就建造了酒精车间。不过，单纯靠糖蜜生产酒精产量不高。因此，公司决定扩建木薯酒精生产线，增加产量。

木薯是贝宁的主要粮食作物，在当地有广泛的种植基础。在索科贝成立前，木薯主要被用于加工食用木薯粉，除了农户自己消费外，经济效益没有得到充分发掘。索科贝增设木薯酒精生产线后，大力鼓励农民加大木薯种植量，并以理想的收购价格、即时诚信的支付方式，激发农民的种植热情，带动了糖联周边地区木薯种植的风潮。

经过多年的努力，索科贝的干木薯收购量已经从最初的 3000 吨增长至如今的 14000 吨，并在萨维周边地区培养了一批长期合作、相互信任的木薯商。通过向公司售卖干木薯，数百户农民的收入及生活条件得到改善，大型的木薯商还盖起了复式楼房，购买了自己的运输车辆。

现在，索科贝的酒精单榨季产量大大增长，满足了贝宁境内一半以上的食用酒精需求量，对贝宁减少进口和节省外汇支出、促进贸易平衡起到了重要作用。

而且，索科贝的酒精质量上乘、口感醇厚，多年来积累了大量的回头客，在贝宁全国享有良好口碑。很多客户通过做索科贝的酒精生意发家致富，在萨维周边以及贝宁各大城市开设了分销点。首都科托努的多家印度酒厂也同索科贝建立了长期稳定的合作关系。

贝宁人的民族企业

贝宁工业发展水平不高，缺乏大型的劳动密集型企业。索科贝的建立缓解了这一难题。除了工厂用工外，作为拥有 5000 公顷农田的大型企业，索科贝农场的用工量尤为

▼ 工作中的索科贝工人

巨大。榨季期间（11月至次年3月）农场单日用工量可达4000人，非榨季期间（4月至10月）也可达100人。这些工作对专业性要求不高，男女均有相对应的工种，为当地提供了大量的就业机会。索科贝是贝宁用工规模最大的企业，贝宁境内能达到这一用工规模的企业仅此一家。

索科贝不仅给当地人提供工作，而且积极为当地培养人才。现在，索科贝99%的员工都是贝宁人，真正做到用工属地化，生产原料（甘蔗、木薯）本地化，加工本土化，被当地人自豪地称为贝宁的"民族企业"。

去过贝宁的人普遍感到：贝宁人对中国充满了向往，很希望能到中国看一看。正是通过索科贝的建设，中贝人民加深了互相了解。虽然在合作过程中间也有过磕磕绊绊，但双方追求美好生活的共同愿景，成为沟通协商、缔结友谊的强大动力。

煮糖车间的班长克雷蒙是索科贝工会的第一任主席，在为贝方员工争取利益的过程中，常常与中方管理层针锋相对。但在生产中，克雷蒙又是名副其实的骨干力量。2016至2017年榨季开始后，工厂产糖率迟迟上不去，中贝双方人员急得团团转，不分白昼地四处排查"跑冒滴漏"情况。作为核心工段的班长，克雷蒙积极配合中方人员，多次在夜里满头大汗地跑到厂长办公室汇报新发现的状况，为公司渡过难关作出了自己的贡献。

索科贝农场中方负责人平时对员工要求严格，大家私底下也常常为此"吐槽"。2019年4月，该负责人因病回国治疗。在他离开索科贝的当天清晨，平日里对他"颇有微词"的几名农场大工头和多名农场小工头纷纷搭乘农场中方人员的皮卡车，赶到中方生活区来与他道别。当时，车斗里挤得都是人，不少贝方员工见到他为了索科贝积劳成疾，都默默流下了眼泪。

独立伊始，贝宁就与中国建立了深厚友谊。长期以来，中国对贝宁的发展给予了多方面帮助。现在，索科贝让贝宁人民的生活更加甜蜜，也让两国人民的友谊之花在这片带甜味儿的热土上，更加灿烂地绽放。

▼贝宁风光

项目概况

中成贝宁糖业股份公司，简称"索科贝"，前身为贝宁萨维糖联，是目前贝宁境内唯一的制糖企业。中国成套设备进出口(集团)总公司于2003年5月与尼日利亚、贝宁两国政府签订了"萨维糖联"租赁经营合同，租赁期20年。

通过技术更新、人才培养、经验输入等一系列努力，目前，索科贝每年白糖的产量可达到16000吨。

作为贝宁境内最大的中国实业投资项目和最大的劳动密集型农工企业，索科贝极大地推动了萨维地区乃至丘陵省的经济社会发展。截至2018年12月，索科贝累计缴纳租金1452.08万美元、增值税等贝宁国税2272.22万美元、营业税等萨维市地税159.31万美元。

多米尼克农业的新希望

作者：任飞帆

[多米尼克] 哈罗德·古斯特

白萝卜 23 东加勒比元 / 公斤（约 60 元人民币）！

甜椒 27 东加勒比元 / 公斤（约 70 元人民币）！

彩椒 54 东加勒比元 / 公斤（约 140 元人民币）！

很难想象，如此高昂的"天价蔬菜"，普通百姓怎能消费得起。

为解决蔬果缺乏等农业发展问题，应多米尼克政府要求，中国新天国际经济技术合作集团有限公司的专家来到多米尼克，在最北端的朴茨茅斯市郊建起"中—多现代农业中心"。这是加勒比地区最先进的农业新品种、新技术试验示范和培训基地之一。通过不断引进新品种和推广先进技术，以前只能进口的蔬菜瓜果在示范园区里种满园地、挂满枝头。曾经让百姓望而却步的"天价蔬菜"如今价格大幅下降，并源源不断地送入当地百姓的手中。

点燃农业的新希望

中国专家给多米尼克带来了免费种子、先进技术和现代农业理念，西兰花、花椰菜、彩椒、大白菜、长茄、紫甘蓝、萝卜、芹菜、哈密瓜……这些源自中国优质品种的果蔬被端上了当地人的餐桌。"以前这些果蔬大都需要进口，现在做到了自产上市。"多米尼克人对此很自豪。

▲ 示范栽培中的中国品种彩椒

人们的菜篮子渐渐丰富了，农户的钱袋子也慢慢鼓起来了。

农民蒂姆在中国专家指导下，尝试栽培了一个大棚的中国甜椒。经过 5 个月的生产周期，产量达到 2200 公斤，价值高达 24000 东加勒比元（约 62000 元人民币），相当于当地普通职员 20 个月的收入。中国专家经过跟踪指导，又帮助他扩大生产，目前蒂姆已经建起 8 个大棚，从中国引进了 10 多个蔬菜品种全年轮作，收入翻了好几番。

越来越多的多米尼克人相信，中国专家会带领他们走上前景光明的发展道路！

多米尼克以农业为支柱产业，农业收入约占全国国内生产总值的 16%，农业出口收入占总出口收入的 50% 以上，但那大多是仰仗得天独厚的自然资源种植的香蕉、椰子、柑橘、芒果等，农业生产多元化不足，其中，蔬菜生产更是匮乏。

中国专家到来之后，经过深入实地调查，发现只要增强农民现代生态农业理念和农业技术，多米尼克就能改变靠天吃饭的现状。

当地农户过去习惯于"撒下种子就撒手不管"，专家的科普就从为什么要冒着烈日辛辛苦苦地深翻土地、打杈压蔓、松土除草、在蔬果不同生长期追加不同元素肥开始……

一次，中国专家孙浩杰在给当地农民讲解除草的必要性后，发现农民杰克家的田间还是杂草丛生。

"你怎么没有除草啊？"孙浩杰问杰克。

"杂草现在还小，除起来很麻烦，等长大了就可以一次性除掉了。"

"那可不行啊，杂草在生长过程中会把农作物的养分吸走，到时候再除就没有用了。"孙浩杰耐心地向他解释。

"哦，哦……"看到杰克一边嘴里应和，一边神情将信将疑，孙浩杰感觉他还是不太相信自己的话。

与此同时，另一位中国专家惠永录在中心开设网纹瓜

栽培技术讲座，计划每期培训 20 名农民学员，结果第一次上课只来了 4 个人。课后，有位农民对他说："这种瓜我们没见过，谁知道在这里能不能种成？我只是顺道来听听……"

收获季节到了，杰克傻眼了——邻居家因为及时除了草，生菜长得有篮球那么大，而他家的却只有棒球那么一点点。邻居家原来只有 0.5 公斤的花椰菜现在居然长到 1.5 公斤——后来，杰克说："从那以后，我都听中国专家的，他怎么说我就怎么做，现在我种的生菜也有篮球那么大了！"

而惠永录的培训课，则改为先进行实物现场培训，让农户真切地看到成果，有了兴趣再讲理论知识……现在，连多米尼克农业部官方网站都刊登了惠永录示范的立体栽培网纹瓜的照片和详细报道。惠永录成了众多技术官员和农民追捧的"明星"。

改变传统的农业观念之后，就该是大力增强农业机械化水平的时候了。

从到多米尼克开始，中国专家就陆续从国内引进了一些农业机械，分配到多米尼克全国各地的农业站。同时，中国农机专家黄红光开始对各农业站选定的农机手进行集中培训，考核合格后才能上岗。

当各农业站拥有了自己的拖拉机和机械手后，就可以辐射到周边农户进行示范和服务。同时，黄红光为了保障农业机器正常运行，不断在全国各农业站巡视指导和维护，及时解决故障问题，并向他们传授保养维护技巧。今天，多米尼克很多拖拉机手都是黄红光的徒弟，黄红光成为最忙的"拖拉机老师"。

现代生态农业理念转变传统观念

多米尼克国徽上的黄色饰带上写着"吾爱天主，亦爱万物"。这个国家一直以人与自然和谐相处为荣。该国是一个火山形成的岛国，生态圈小、比较脆弱、自我恢复能力较差。中国专家一直坚持走生态可持续的农业发展道路，这样的理念受到当地人的尊敬。

对此，多米尼克农业技术合作项目协调官西奥·奥诺莱竖起了大拇指："中国专家组改变了农业种植的一些传统观念，使多米尼克发展农业有了根基。"

多米尼克国土面积 700 多平方公里，共有 365 条河。但当地农民对河流资源的利用率非常低，灌溉依赖雨水或使用昂贵的自来水，旱季栽培的蔬果常常因"喝不饱"而枯死。中国专家组在"中—多现代农业中心"旁边小溪的上游修建了一个小水坝，预埋管道，通过地势落差实现供水，这成了多米尼克河水引流灌溉的样板工程。

　　从此，多米尼克规模稍大的农场都建了小水坝，小的农场也学会了用竹竿引流，大大提高了水资源利用率。

　　为了严格控制农药化肥的使用，中国专家们从一开始就大力鼓励农户使用农家肥（厩肥）来提高肥力改良土壤。但多米尼克只有产蛋鸡和少量马是圈养的，其他家畜都是散养在外，无法有效地收集厩肥。因此，专家组为当地农民示范如何利用树叶、杂草和玉米秆进行腐熟，制作秸秆肥，填补无厩肥时的空缺。

　　中国专家还根据当地农户的实际情况，推广一些实用小窍门。一次专家组副组长丁永胜到西蒙的田里进行指导时，发现这里辣椒叶片被蛞蝓吃成了"花脸"。得知西蒙

▼ 当地农民收获的场景

家农场面积大、拿不出那么多钱来购买所需毒饵后，丁永胜就建议他用石灰在辣椒植株周围撒成圆圈阻挡蛞蝓，因为"蛞蝓爬行分泌液体，石灰见水发热"。结果，这个小窍门帮助西蒙在当年迎来了辣椒丰收，这个方法也被推广给了更多农户，小药方治了大病。

给年轻人传递更多能量

振兴多米尼克的农业，光给农户讲还不够，更要将这些新理念传递给学生们。

中国专家在指导农民种植的同时，还将水坝灌溉、沤肥等成熟农业技术以及设施栽培、无土栽培、自动化控制等现代化农业理念，融入农业科普课堂，向全国学校开放。

"农业中心每年接待来参观学习的中小学生千余人次，现在还有很多农户自发带孩子来参观。"孙浩杰说。"请进来"的同时也要"走出去"，仅 2015 年，他和同事们就在多米尼克全国中小学校开展了 20 多期科普活动，带领学生栽培中国品种蔬菜。

专家组还将试验产出的果蔬产品赠送给当地学校、医院、救济站、养老院等机构。在多米尼克从事农业种植的年轻人不断增多，全国各地先后成立了十多个青年农民组织。

　　杰弗瑞·大卫，是一个曾在美国和英国求学打工的年轻人。在一次回国时，他了解到中—多农业技术合作项目，经过考察，他毅然辞职回到家乡从事农业工作。2016年，在中国专家的指导下，大卫开始了多个品种的蔬菜栽培，第二年就完成三个大棚的建设。

　　经过十多年的努力，中国专家在多米尼克成功地推广了大棚育苗、立体栽培、生物病虫害防治等28项新技术。

　　多米尼克政府为中国农业专家组颁发"杰出成就奖"奖牌，表彰中国农业专家组为多米尼克农业现代技术提升和农业产业发展作出的巨大贡献。

　　2019年6月，多米尼克总统查尔斯·萨瓦林携夫人前往朴茨茅斯"中—多现代农业中心"，视察第七期中—多农业技术合作项目。在养护数万株香蕉幼苗和柑橘、酸橙等果苗的智能温室，看到中国专家正在指导当地中学生进行蔬菜种苗繁育，他高兴地表示："你们的工作对多米尼克非常重要。感谢中国政府派遣来如此优秀的专家团队，为多米尼克人民造福！"

　　现在中国农业专家的声名已经在加勒比国家中传开，已有其他加勒比国家政府派代表专程前来多米尼克考察中多农业技术合作情况。

　　多米尼克纬度低，日照强，直射的阳光能把生长中的茄子从紫色烤成咖啡色。顶烈日冒酷暑的室外农业工作，

▲ 多米尼克风光

使得每一位初来多米尼克的中国专家都会"脱皮",工作一段时间后肤色就变得与当地人一样。多米尼克人讲的英语中带有浓厚的克里奥尔口音，并夹杂着很多英、法混合的土话方言，普通农民的口语更为难懂。几年下来，深入田间地头的专家们听懂了方言，讲起英语也带了当地口音。

孙浩杰已经在多米尼克连续工作了13年，有一次他在邻国转机。

出租车司机问他："你是来自多米尼克的老乡吧？"

孙浩杰很是吃惊："是啊，你怎么知道的？"

司机师傅哈哈大笑："我也来自多米尼克，听口音，就知道咱们是老乡！"

项目概况

中国—多米尼克农业技术合作项目是中国政府援助的民生项目，由中国新天国际经济技术合作集团有限公司承担，目前已完成 6 期农业技术合作。两国农业专家密切合作、不断探索、科学规划、稳步推进，为进一步提升发展质量奠定了扎实基础。农业技术提升的同时，农产品种类更加丰富了，60 多个新品种果蔬在多米尼克引种试验取得成功，部分品种已得到推广栽培，走向市场。

第七期中—多农业技术合作项目在"玛利亚"飓风灾后紧急启动。自 2018 年 5 月实施以来，累计培育各类优质种苗 30 余万株，开展了数十次蔬菜、花卉和果树品种的实验栽培示范以及农业设施修复、立体栽培技术和扦插繁育技术等多项实用农业技术示范，累计开展技术培训 28 期，跟踪技术和推广走访活动 179 次，开展农机服务 40 余次，深受当地广大农民朋友欢迎。

多米尼克总统萨瓦林及夫人、总理斯凯里特、副总理兼农业部长奥斯特里、外长巴伦等均参观过本项目并给予高度评价。

横跨中亚地区的
能源彩虹

作者：马李文博

[土库曼斯坦] 努尔马麦多夫·尤素普·鲁斯塔莫维奇

在土库曼斯坦卡拉库姆沙漠的达瓦札，一名游客正向当地人打听怎么去"地狱之门"，听说那是当地非常有特色的景观地。

"对不起，'地狱之门'已经'关上'了，我们现在只知道'幸福之地'。"当地人自豪地说。

他们口中的"幸福之地"就是中国—中亚天然气管道项目的气源所在地——阿姆河右岸气田。

▼阿姆河右岸一期主体工程——第一天然气处理厂

幸福之地

土库曼斯坦虽地处内陆，但天然气储量却高居世界第四位，号称"蓝金"之国。曾有很长一段时间，土库曼斯坦居民可免费用气，有些人为了节省火柴钱，竟从不熄灭做饭用的炉子，可谓"奇观"。

土库曼斯坦的天然气田具有高压、高产、高温、高含硫、高二氧化碳、高矿化水等特点，开发难度堪称世界级。有人形象地把在土库曼斯坦打井形容为"在刀尖上起舞，在烈焰中欢歌"。因此，长期以来，土库曼斯坦虽坐拥"蓝金"，却难以将资源优势转换为发展优势。在中国企业实施阿姆河右岸勘探开发项目前，这片地区钻井成功率仅为29.9%，被称为"钻井禁区"。

传说中的"地狱之门"是一处天然气燃烧坑，直径69米，深30米，坑内温度可达1000摄氏度。大坑自塌陷以来已燃烧48年之久，每年有价值10亿美元的天然气在空气中挥发掉。外人眼中的独特风景，实际上是钻井井喷事故留下的巨大伤痕。而在土库曼斯坦东部的阿姆河右岸，同样存在前期勘探失败留下的"火坑""水坑""天坑"，一个个蔚为壮观的气坑见证了这里天然气开发的艰难历程。

被称为"地狱之门"的天然气燃烧坑不会永远咆哮，"钻井禁区"也不会永远无法被攻克。

▲ 土库曼斯坦的"地狱之门"

经过中国、哈萨克斯坦、乌兹别克斯坦和土库曼斯坦四国政府的共同商议和努力，跨境互通的天然气管道项目正式签署。这不仅盘活了土库曼斯坦的气田资源，还为沿线各国创造了更多的价值。

目前，中石油承建的复兴气田一期和阿姆河右岸二期工程相继建成投产，土库曼斯坦形成了阿姆河右岸、马雷一乌恰金、复兴三大气田同时供气的良好格局。继中国—中亚天然气管道A线通气后，B、C线先后建成投产，三线并行。中国建设者的到来彻底改变了钻井禁区的面貌，钻井成功率由之前的不足30%提升至100%，令世界惊叹。

如今，土库曼斯坦总统别尔德穆哈梅多夫亲自将阿姆河右岸合同区命名为"巴格德雷"，也就是"幸福之地"。中国—中亚天然气管道项目打通了土库曼斯坦"蓝金"的输出和销售渠道，"幸福之地"的天然气通过管道过境乌兹别克斯坦和哈萨克斯坦，进入中国，源源不断地为管道沿途 5 亿人口的生活提供清洁燃料。通过与中国的天然气

▼ "土中天然气管道零公里"纪念碑

管道项目合作，中亚国家进入了巨大的中国能源市场，获得了逾 400 亿美元外汇收入。在天然气贸易的带动下，中土贸易额较建交之初增长 1800 多倍，中国连续八年保持土库曼斯坦第一大贸易伙伴地位。

为纪念中国—中亚天然气管道正式投产通气，土库曼斯坦将"石油工人节"改为每年的 12 月 14 日，也就是管道正式通气的这一天。

"智勇双全"的中国速度

"处理厂建设得这么快，我真是没想到。这么多装置在短短一年多时间里建成，你们所完成的工作量是巨大的，克服的困难是难以想象的，非常感谢勤劳的中国石油建设者！"

这是项目竣工前夕，别尔德穆哈梅多夫总统专程到阿姆河第一天然气处理厂视察时，对中国石油工人说的一番话。

总统的话并非客套。

当项目开工时，中国建设者们面临的恶劣自然条件超出他们的想象——"交通基本靠走、通讯基本靠吼、交流基本靠手、保障基本没有"——有人如此自嘲。

最大的困难还不止于此。为了保证管道按时通气，阿

姆河右岸项目一期工程 28 座井场、90 公里集输干线及第一处理厂等多项系统工程必须在 18 个月里完成，建成 50 亿方商品气生产能力。

在当地夏季温度高达 50℃，冬季低至 -30℃的条件下，这是一个不可能完成的任务。

但是中国工人就是不信邪。

在阿姆渡河右岸，中石油的攻关技术小组仅历时 98 天，便唤醒了 1993 年已经停产封存的萨曼杰佩气田。依靠技术创新和奉献精神，管道焊接速度提高近两倍，工人可以在 -40℃的条件下平稳地施工。

就这样，中方企业不但按时完成了任务，而且创造八项土库曼斯坦钻井新纪录，其中，最快的一口井 34 天钻成。

在一片荒芜的沙漠上，中国建设者们完成了一个天然气管道系统"从无到有"的蜕变。经计算，仅项目的物资动迁量就相当于阿姆河右岸火车站 15 年累计卸货量的总和。

管道建成大幅增加了土库曼斯坦天然气的出口能力，为土库曼斯坦人民带来了巨大福祉。自利用中国—中亚天然气管道后，土库曼斯坦天然气出口量不断攀升，现已恢复至 20 世纪 80 年代天然气最高产量的 80% 左右。

情牵"一带一路"

人们的美好生活，绝不仅仅是经济。

漫长的天然气管道建设，收获了经济成果，也收获了精神成果。比如美好的爱情、友情、亲情——

在这里，有两个名字分别叫"一带"和"一路"的兄弟，他们是一对混血双胞胎的小男孩。哥哥黑头发黑眼睛，长得像爸爸，叫"陈一带"；弟弟金发蓝眼，长相随妈妈，像俄罗斯族，叫"陈一路"。

"陈一带"和"陈一路"的父母，就结识、相爱在这条天然气管道上。爸爸陈宽，是中石油公司在乌兹别克斯坦北部压气站员工食堂的一名厨师；妈妈阿扎菲娅，是压气站员工食堂的一名服务员。

天然气管道建设不仅连接起两人各自家乡的天然气供应，也让两个年轻人萌生爱意，直至成就一段美妙的跨国姻缘。

如今，这对双胞胎孩子的降生，更让陈宽和阿扎菲娅这对异国夫妻对未来的美好生活充满期待。

他们给孩子取名"一带"和"一路"，就是希望孩子们能够以各个国家之间的亲密无间、精诚合作为榜样，在人生路上友爱互助、美满幸福。

▲ "一带" "一路" 双胞胎一家

　　这样有关精神的故事，到这里还未完——除了"一带""一路"，这里还有一个同样尽人皆知的"李家班"的故事。

　　这是一群李姓同事的故事，他们全是同事，全都姓李。他们大多来自阿姆河右岸的天然气处理厂，号称"李家班"。但是，他们可都是土库曼斯坦人。

　　比如，第一天然气处理厂副厂长"李高山"，其实叫作尤素普，他一口流利的土库曼斯坦味的四川话，经常逗得中方同事捧腹大笑；

　　第二天然气处理厂的副厂长"李大海"，同样是一个地道的土库曼斯坦人……

　　他们之所以被称为"李家班"，是因为他们都曾师从阿姆河公司采气工艺总工程师——中国人李高潮。

李师傅的技术那叫没得挑。大伙都服他。而李师傅也对这些洋弟子们颇为器重，从仪器、仪表的检查到各类设备的操作，从常规生产到应急情况处理，从采气到净化装置操作的各项天然气生产技能，他把自己所有的经验都毫无保留地传授给了当地员工。

如今，阿姆河公司项目生产一线138个班组长全部由土库曼斯坦的骨干担任，而且这些土库曼斯坦的师父，又开始带出一大批土库曼斯坦的徒弟了。

据统计，多年来，仅中石油阿姆河公司就已累计培训当地员工超过8200人次，已有100多名当地员工步入公司中层管理岗位。

充满挑战的工程建设留下的不只是工程，还有技术、人才，当然还有文化，以及文化交流过程中伴随的美好。

"这项工程的难点是技术挑战，更是文化交流。我们文化上有差异，但人性是一样的，建好管道的目标也是一样的。"参与管道建设的一位德国经理的话，可谓一语中的。

不错，架设在中亚和中国之间的管道如道道彩虹，闪烁着灿烂的光芒。

随着管道的延伸，沿线各国人民的友谊也在不断升温，通向未来的幸福之路也在不断延长。

项目概况

中亚天然气管道项目包括 ABC 线，由中油国际管道公司与沿线国家共同负责建设和运营。

该项目为沿线国家增加了税收来源，带动了沿线国家相关施工建设、油服、管道运行、各类服务商、供应商等行业企业的业务发展，创造了可观的经济效益。中亚天然气管道不仅极大地促进了中国与多国之间的油气资源合作，也进一步带动了其他领域的经贸往来。

截至 2019 年底，中亚管道项目累计为沿线国家提供长期就业岗位 2400 余个，建设高峰期创造临时就业岗位20000 余个。中油国际管道公司积极投身公益事业，改善了沿线社区的基础设施建设。在管道建设与运行过程中，中油国际管道公司高度重视项目影响，联合施工单位、监理单位以及沿线社区，采取有效措施，共同保护生态环境。

在罗马尼亚
传递骑行的快乐

作 者：宋冉

[罗马尼亚] 杰路

　　阿尔杰什河畔的皮特什蒂市中心广场上,"DHS杯"罗马尼亚青少年自行车障碍赛总决赛正紧张而激烈地进行着。赛场上,孩子们以骑行的方式挑战台阶、斜坡、管道、路桩、旗杆等各种人工障碍。他们神情专注,沉浸在克服障碍、展现车技和超越自我的快乐中……

　　精彩纷呈的赛事吸引了大批行人驻足观看,让这座古老而安静的城市洋溢着朝气和活力,坐落在广场周边、散发着历史气息的建筑在孩子们的欢笑声和观众们的喝彩声中也明朗鲜亮起来。

▼ 选手合影

骑行让生活更加美好

"DHS 杯"是由罗马尼亚东辉运动器械股份有限公司（以下简称"东辉"）自 2010 年创办并提供赞助，专为罗马尼亚中小学生设计的一项公益性年度自行车骑行大赛，旨在"提倡健康生活、宣传交通规则、防范交通事故"。

首届比赛中，罗马尼亚 41 个省中仅有 9 个省派出代表参加，人数不多，规模也不大。如今，已经有 30 多个省、超过 2 万名选手踊跃报名。

来自克卢日省的儒略老师，从第一届开始就每年都带队参加"DHS 杯"，今年他带领的选手们闯进了总决赛。"我一直都在做学生们的安全教育工作，安全骑行是非常重要的部分，孩子们需要更多安全理念、骑车技术和应对方法。"谈起自己的工作和带队参加比赛的初衷，这位满头银发、精神矍铄的罗马尼亚老人非常推崇连续举办至今的青少年自行车比赛。

"很早之前，我就开始关注类似的自行车骑行比赛，毕竟比赛可以很快提高孩子们的骑行技巧和应变能力。'DHS 杯'非常亲民，组织也很完善，给我留下深刻印象。"儒略老师由衷地赞叹这个来自中国的公司给孩子们带来的快乐。

皮特什蒂市副市长法克佛罗蒙观看了当天的比赛，充分肯定青少年自行车骑行比赛的作用和意义，他说："市政府非常支持'DHS 杯'，比赛让孩子们在竞技中锻炼身体、结交朋友，远离电脑屏幕和电子游戏，有利于孩子们的身心健康。借助比赛，骑车出行的理念和快乐传遍千家万户，罗马尼亚的环保事业也从中受益。"

"DHS 杯"的声名远播也让东辉的主打品牌"DHS"家喻户晓。1998 年，来自中国宁夏的创业者们，抓住罗马尼亚胡内多阿拉县彼得罗沙尼市为投资兴业者提供"设备、原材料和零部件免进口关税"的政策优惠，成立了东辉公司。1999 年正式投产当年，就创造了年产量超过 1 万辆的佳绩。

因为价格适中，主打大型超市、专营店和集中采购的销售模式，DHS 的市场份额不断提升，品牌知名度也不断扩大。为更好地传递骑行的快乐，东辉呼吁主要城市设立专门自行车道，为居民绿色出行提供便利和保障。此外，东辉还积极推动阿尔巴尤利亚市的电动自行车共享项目，共同缓解交通拥堵和环境污染。

让环保骑行融入生活、便捷生活，也让罗马尼亚更加宜居、更加美好。

强强联手 共享发展红利

伴随着罗马尼亚加入欧盟，东辉所处的环境发生了深刻变化，更为广阔的市场给其带来前所未有的机遇，竞争加剧又使其面临更大的挑战。扩大生产规模，提高产品档次，适应欧盟规则成为东辉公司亟待解决的问题。

要突破已有的生产能力和研发水平，最切实的办法是在欧洲大的自行车生产商中寻求合作伙伴，而首选是法国或德国。可是经过数月的咨询、商谈，东辉的合作之旅并不顺畅，大多是因为这些生产商不看好中国企业的发展前景和产品品质。

一筹莫展时，德国 PROPHETE 集团抛来了橄榄枝。

"我们开始并不确定是否与 DHS 合作，但他们在罗马尼亚确实影响很大，举办的公益自行车比赛也很有名气，具有很大的发展潜力。真正打动我们的是这家中国公司'做一件事情就要将它做好'的韧劲和拼劲，尤其是对传递骑行快乐的热衷。"回忆起最初与东辉的接触，PROPHETE 集团创始人 Loenne 先生非常赞赏这个中国合作伙伴。

有了 PROPHETE 集团注入的资金和更先进的技术，东辉进入发展快车道。2006 年，在胡内多阿拉县德瓦市建成设计产能 100 万辆的新厂，成为欧洲最大的自行车生产基地。

▲ 胡内多阿拉县德瓦工厂全景

　　规模扩大了，市场稳定了，接下来就是提升产品档次了。荷兰和西班牙的骑行文化和设计理念一直是自行车王国的佼佼者，东辉又踏上了寻找合作伙伴的"升级"之旅。"这次的合作非常顺畅，毕竟DHS已经积累了足够的影响力，很多公司愿意和DHS共同设计时尚、实用、坚固耐用的新车型。"Loenne 如是说，他相信东辉公司会一次次创造新的历史。

　　先是聘请热爱自行车运动的年轻人甚至专业赛车手加入研发团队，举办全国专业山地车比赛，成立车队，牢牢

抓住竞技车型和户外运动车型市场。"DHS 山地车的品质，不输于欧洲其他的顶级品牌。"参赛选手朱利亚诺对自己的坐骑非常满意。

　　然后是逐步创新减震器、变速器、双层车轮铝圈等核心技术；之后又乘胜追击，在"DHS"品牌基础上，推出高端品牌"Devron"，主打山地车、公路自行车、电动自行车等产品；"Smart Baby"则主打婴儿车、学步车、手推车等产品。

▼ 专业山地车比赛的选手

"这群中国伙伴们总是有意想不到的好点子，他们似乎在和自己竞争，一直在突破。"Loenne 庆幸自己当年选择了和这样一家有着无限潜力的中国公司合作，而不是把它当成对手。公司创建电子商务平台，线上线下同步销售，当年就实现销量井喷，不仅罗马尼亚本地销售火爆，还出口到欧盟 26 个国家，最远抵达塞浦路斯。

东辉彻底"征服"了德国伙伴。PROPHETE 集团都无法直接打入的荷兰市场，却因为与东辉公司的合作轻松突破。"我可以放心把所有订单交给 DHS。"Loenne 由衷赞叹中国人的勤劳和智慧，并为自己当年的决定而自豪！

2018 年，东辉纳税超过 1000 万欧元，成为胡内多阿拉县轻工行业的纳税大户。超九成自行车销往欧洲其他国家，电动自行车销量超过 30 万辆，成为目前欧洲最大的电动自行车生产厂商。

白头山矿区走出的技术总监

大卫是东辉的技术总监，专门负责产品的技术研发、品质监控和新产品配置，是公司管理层的重要成员之一。大卫追随公司已将近 20 年，从一名生产线工人逐步成长为管理层骨干。

多年前，大卫只是家乡白头山的一名矿工，对自行车

组装、零部件生产等一无所知。东辉在当地招聘员工，大卫才初次走进自行车工厂，开始接触和学习自行车组装。负责传授技术的是一位来自中国山东的经理，经验丰富、脾气火爆，人称"刘技术"。"大卫刚来的时候，也就二十五六岁，话不多，慢条斯理的，经常把我急得想批评他！"回忆起当初指导大卫的日子，"刘技术"对自己的"爱徒"既有嗔怪又有欢喜。"他虽然干活有点慢，但是有股子不服输的劲头，总是动脑子把事情做到更好。他在生产线一干就是三年，每个工位都做过，每个工位都认真对待。"

管理层看中大卫的踏实勤奋，开始重点培养他，提拔他当生产线长。当了线长的大卫，工作依旧认真，还有一副能忍耐能扛事的好脾气，总能帮着管理层协调各种矛盾。

几年的辛勤打拼让大卫跟随着东辉的发展壮大而成熟，他对工厂就像对待自己家一样负责。有一次盘点生产线作业零件，大卫发现有个规格的座管少了很多。经过仔细核对，原来是一名叫加比的工人做记录时与另一种零件的数目混淆了。大卫当着所有人的面严厉批评了加比，大家从没见过一向和气的大卫这么大声说话，生这么大气。有人觉得大卫小题大做，有的人甚至开始疏远大卫，但大卫还是低声慢语地说："我为工厂好就是为大家好，零件丢了或者弄错了，工厂都有损失。自行车生产不出来，工厂倒闭了，大家就都会失业了。"渐渐地，大家理解了大卫的良苦用心。虽然老板来自遥远的中国，员工也来自多个国家，但是工厂却是所有人共同的家。大卫一次偶然的发脾气，却意外地增强了凝聚力。

东辉对大卫进行了多次专门指导和培训，2002 年派他到中国系统学习自行车研发技术。与 PROPHETE 公司实现

▼ 大卫在调试新车

合作后，又放手让大卫率领技术团队与外方设计专家交流互动，让这位从白头山走出的矿工成长为掌握先进自行车生产和研发技术的高端人才。

"我非常庆幸当初走出矿区、加入东辉，更感谢公司对我进行的培养和帮助。我之所以20年忠实追随这家公司，从彼得罗沙尼一直到德瓦，就是因为公司给了我更大的发展空间和机会，也带给我越来越好的生活。"回忆起1999年那次人生转折和之后的成长经历，大卫充满感激。

大卫只是众多罗马尼亚当地员工获得良好发展机会的缩影，还有很多当地人在东辉的培养下成为管理人才、技术能手、营销高手等。现在，东辉聘有600多名本地员工，间接为罗马尼亚提供了1000多个就业机会。此外，东辉还与罗马尼亚的特兰西瓦尼亚技校合作，为技校学生提供到自行车厂实习和就业的机会。即使这些毕业生将来不在东辉就职，也能学到实用的技术和本领，为今后的职业发展打下基础。

东辉凭借热忱和坚持，不仅取得了经营发展的成功，也赢得了罗马尼亚人民的肯定和尊重。皮特什蒂市副市长法克佛罗蒙表示，希望能够有更多像东辉一样的中国企业来皮特什蒂市投资设厂，生产供应罗马尼亚、出口欧洲的优质产品，为当地增加就业机会；也希望罗马尼亚能与中国在桥梁、道路等交通基础设施以及其他更多领域展开合作。

项目概况

罗马尼亚东辉运动器械股份有限公司（Eurosport DHS S.A.）是罗马尼亚最大的自行车生产、销售企业，也是当地的明星企业，纳税大户；同时还是欧洲产能最大的高端自行车和电动自行车制造基地。产品在罗马尼亚国内及德国、荷兰、丹麦、意大利、法国、匈牙利等国市场广受欢迎。东辉大力支持罗马尼亚体育事业发展。持续赞助德瓦市少年女子体操四国邀请赛、青少年自行车骑行比赛、AIUD国际画家创作营活动和山地自行车越野赛等；还出资邀请罗马尼亚记者和警察赴北京参加国际警察足球比赛。

东辉还积极参与罗马尼亚公益事业。为在东南部遭遇水灾的家庭捐赠生活物资，为儿童福利院孩子们提供玩具、婴儿车、学步车等物资，为贫困地区学生捐助自行车、文具等用品，帮助当地居民克服困难、改善生活及学习条件。

希拉有了"净水器"

作者：马李文博

[伊拉克] 萨阿德·塔伊·吉纳比

位于美索不达米亚平原的古巴比伦历史悠久，是人类灿烂文明的发祥地之一，著名的巴比伦空中花园就坐落于此。当年，这里的人们能够自如地调配水流进行灌溉，而2600多年后，由于连年战乱，古巴比伦遗址旁的伊拉克希拉市却无法解决排放污水和雨水的难题。

伊拉克战争过后，这座城市终于得到一丝喘息。人们渐渐开始回归故园生活，本就脆弱落后的城市雨污处理系统承受着越来越大的压力。深爱着家园的人们缺少最基本的卫生保障，只能在被污染的环境中度日。

处理后的污水像自来水

那是几年前，刚刚重返家乡的希拉居民穆罕默德满怀喜悦，准备在家里招待亲朋，庆祝回归家园。

当高朋满座，聚会即将拉开序幕之际，尴尬的一幕出现了：穆罕默德自家小院的化粪池储满了，难闻的气味充斥着房屋周围，原本气氛热烈的家庭聚会瞬间变得尴尬起来。

穆罕默德当即拨通熟记于心的吸污队的电话号码，可是让他失望的是，左等右等，吸污队也不来，客人们只得纷纷离开。

一个本来轻松愉悦的家庭聚会就这样被搅黄了。

想当年，有着穆罕默德这样尴尬遭遇的希拉市民不在少数。

原来，希拉全市八个城区中仅有一个城区有简易的排污管网，大多数家庭依靠自家院子里的小化粪池。每到雨季，雨水涌入化粪池，人们不得不频繁地呼叫吸污车。

但这种方式对于广大市民来说，基本等同于杯水车薪。一是吸污费用非常昂贵，普通市民难以承受。二是数量有限，全市只有区区数十辆，根本忙不过来。

更让人揪心的是，希拉市污水处理前后的水质几乎没有区别。因为这里只有一座 30 年前建成的小型污水处理厂还在运行，其日处理量很小，工艺简单，卫生条件很恶劣。

因此，许多时候，希拉市民们只能眼睁睁看着污物外流。

看着城市生活环境逐渐恶化，严重威胁人们的健康，希拉市民忧心如焚。

每当街道上满是污水，民众就会游行示威，要求政府解决排放污水和雨水的问题。但战后的伊拉克政府对此也束手无策。他们的首要任务是应对恐怖活动威胁，城市重建所需的资金尚有巨额缺口，民众的卫生问题更无力顾及。

污水处理问题成了希拉市民的一个心病。

愁眉不展之际，中国建设的污水处理厂项目启动了。

▲ 伊拉克希拉污水处理厂

希拉市民奔走相告，将这个好消息传遍了街头巷尾。

那一阵子，项目工作人员无论走到哪里，都有居民主动送上食物和饮水。因为这是他们最期待的工程，是他们摆脱落后和脏乱的希望。

2017年底，新污水处理厂终于建好了。中国电工公司采用最先进的"卡鲁塞尔氧化法"，让希拉的污水处理水

平从落后时代数十年一下子提高到了国际先进水平。

"这水看样子和自来水差不多啊。"看着处理过后的水色，时任伊拉克污水总局局长难掩内心的喜悦。

污水处理厂的建成是中国建设者们给希拉市民带来的最好安慰和激励。

经新污水处理厂处理后的水排向希拉河，不仅增加了受沙漠化困扰的希拉河的水量，对改善河水水质也有一定帮助。

新的污水处理厂将在未来 25 年内满足希拉市 50 万人口的污水处理需求。有了这座处理能力极强的污水处理厂，希拉市可以建造覆盖整个城市的排污管网，为更多回归故园、建设家园的人提供保障。

中国企业还为希拉市设计了雨污管网和泵站，全部建好后，希拉市民就可以彻底告别化粪池了，整座城市排放污水和雨水的能力也将达到国际先进水平。

"2014 年，当伊拉克发生反恐战争，经济几乎崩溃时，中国电工没有撤离，克服种种困难，坚守希拉项目直至完工，这是一个奇迹，属于中国人的奇迹。"时任巴比伦省委员会主席在参观该项目时，如此赞叹。

穆罕默德也高兴地说："我要在家里重新请一次客，庆祝有了这样干净的家园！"

战火中的共同坚守

奇迹不是凭空创造的，它源于中伊两国建设者的共同坚守。

污水处理厂建设的五年间，战乱是最大的考验。

2014 年，伊拉克再次遭遇恐怖主义威胁。战争危机不期然地向项目所在地袭来。当时，最近的战场距希拉项目不足百公里。

一时间，谣言四起，人心惶惶，一些在伊拉克的外资企业纷纷撤离。

但危机中的中国建设者们，选择了坚守，期盼和伊拉克人民一起共渡难关。

屋漏偏逢连夜雨。战乱的危险尚未解除，资金方面又出现了问题。

当时，伊拉克政府拨给项目的资金一度中断。中国企业反复权衡，最终达成共识：如果真的能够通过这个项目造福希拉市民，其意义将远远超过来自工程款的回报。

他们果断决定，自筹资金 7000 万元人民币推进项目。

项目的继续推进，不仅让希拉市民留住了建设美好家园的希望，而且让许多丧失家园的难民重拾生活的信心，

看到了未来的光亮。

"是中国建设者带领我们挺过了难关，我们才能坚持下去等到家园光复的这一天。"希拉污水处理厂项目工人萨米·阿扎里如是说。

萨米是来自摩苏尔的难民。因为两个哥哥在逃难过程中不幸去世，他需要同时负担三个家庭。萨米带着七个孩子，其中，四个是他哥哥的孩子。他们从北部沦陷区逃难而来，且避且走，直到逃到希拉后，在污水处理厂找到一份工作，他才感到生活有了奔头。

像萨米这样的难民，在希拉污水处理厂项目共有 15 名。

了解到难民的遭遇后，善良的中国建设者们为他们预支了部分工资。而这些难民工人也投桃报李，在工作中格外努力，效率极高，是当地工人中表现最为出色的。

2017 年 7 月，当伊拉克全国欢庆收复摩苏尔时，难民工人的脸上满是激动的泪水，他们换上干净的衣服，带着家眷前来与中国建设者道别。

深情的拥抱，热烈的握手，他们再三叮嘱中国建设者一定要去他们家里做客，他们说，要以最隆重的礼节迎接尊贵的客人。

五个月后，经历数年的反恐战争，伊拉克最终取得了胜利，与此同时，中国电工建设的希拉污水处理厂项目也历经艰辛，宣告工程竣工。

污水处理厂内外的"公园"

花草繁茂，鸟类栖息，大型喷泉的水尽情喷射，不锈钢栏杆在阳光下闪闪发亮……

很难想象，这是希拉污水处理厂厂区内的景致。说它是一座公园，似乎也不过分。

有趣的是，在污水处理厂的旁边，还有一座像公园一样的学校——图拉斯中学。

▼ 图拉斯中学校长、部分学生与中国公司员工合影

　　如今，学生们在校园的长椅和石凳上读书交谈，在球场上酣畅地打羽毛球。学校的盥洗室，也明亮整洁，校园到处充满了欢声笑语。

　　但当年学校刚建成时，它可不是这样的。

　　这所千余学生就读的图拉斯高中和污水处理厂几乎是同步建设。

　　当时，项目组工作人员发现，图拉斯高中的老师很喜欢带着学生来到污水处理厂合影留念。一打听才知道，即

▼ 古巴比伦空中花园遗址

将毕业的学生们，特别希望能在离开学校之前，将这座紧邻学校、改变了希拉生活环境的污水处理厂永远定格在自己的回忆中。

一天，图拉斯高中的校长敲开了项目组的大门，他请求项目组帮助学校进行翻新工程。因为学校教育硬件设施实在太陈旧了，公厕也经常堵塞，学习环境很差。

项目部二话没说，抽调了一半以上的施工力量，对学校进行彻底翻新改造。

几个月后，校园旧貌换新颜：再也不会积水的新操场、全部更换的照明设备、送来凉爽清风的立式空调、混凝土羽毛球场、疏通并重建的厕所……看到这一切，师生们几乎不敢相信自己的眼睛。

在给图拉斯高中翻新改造的过程中，中国企业的事迹在巴比伦城内外迅速流传。

希拉当地最高宗教领袖得知此事后，特意邀请企业去做客，并用高规格礼仪接待。伊拉克政府主管部门也将希拉污水处理厂作为外资项目样本工程，组织其他同行到项目参观学习。

希拉污水处理厂项目是中国在伊拉克建设的最大民生项目，为伊拉克人民追求幸福生活的画卷增添了重要的一笔，也让中国人的坚韧与奉献精神在这片古老文明之地流传。

▼ 伊拉克希拉污水处理厂项目

中国人常说，赠人玫瑰，手留余香。

干净的家园，清洁的用水，危难中的坚守……

中国人民的真诚和友谊，如香气飘散在古城希拉，两国人民将共同见证，古城更加美好的明天。

项目概况

2017年，伊拉克巴比伦省希拉污水处理厂项目建成完工，项目由中国电力工程有限公司承建。根据伊拉克政府的规划，第一阶段建设日处理10万吨污水处理厂，第二阶段建设配套管网、泵站。

项目位于希拉市西南方约10公里，占地15万平方米，总投资8900万美元，日处理量10.7万立方米，将在未来的25年内满足希拉市50万人口的污水处理需求。项目还包括希拉市约400公里污、雨水收集管网设计，以及配套19座污水泵站、14座雨水泵站的设计工作。

暹罗湾畔工业园

作者：路捷 余维

[泰国] 徐德珍

　　年末北半球的凉风吹散了热带的瘴热，泰国夜晚的星空显得格外耀眼。音乐和啤酒搭配着高歌与劲舞，将新年狂欢的气氛点燃，到处张挂着"Happy New Year"的横幅。

　　新年晚会是泰国小伙子巴颂所在工厂每年的重头戏，办公室里张灯结彩，所有中国和泰国员工每人准备一件小礼物，各式礼物编着号摆在上方等待抽奖。晚会不用舞台，音响一定要有；不用美味佳肴，啤酒一定要够，期间穿插抽奖环节让气氛高潮迭起。

　　这已经是巴颂在泰中罗勇工业园内度过的第三年，但他仍然和第一年来时一样激动。巴颂十分热爱这里的工作，热爱这里温暖的氛围，热爱泰中罗勇工业园给了

▼ 俯瞰泰中罗勇工业园

他发展的平台。目前，工业园已为泰国吸引外国直接投资超过 35 亿美元，解决了当地 4 万余人就业。

相互陌生到"入乡随俗"

和泰国小伙子巴颂一样，来自中国的徐根罗也在这里奋斗。他还清楚地记得，那是一个仲夏的凌晨，他在蒙蒙细雨中踏上曼谷雨季湿润的街面，异国他乡的创业从此拉开了序幕。踏上泰国鲜花盛开的土地，远离祖国的创业者面对的并不是坦途。

管理是第一个难题。徐根罗和同事们按照传统的管理模式和思路，培训泰国工人，布置生产任务。然而，中国式管理在泰国员工中并不适用。眼看效果不好，他们就想当然地坐到流水线工位上亲自动手示范，但效果仍不理想。

徐根罗回忆："我们在车间里身体力行地埋头苦干，泰国员工却莫名其妙地看着我们，我们不知道他们为啥这样看着，也不知道他们心里想着什么，估计他们也不明白我们的苦衷和无奈，一切都无所适从。"

在随后的管理过程中，他们发现从中国带来的工艺资料、操作指导书泰国工人领会不了，操作要领无法掌握，手把手教也不会，语言障碍无法沟通。泰国员工一脸懵懂，中国员工则一脸无奈。

▲ 湄南河夜景

　　工厂启动不久，好不容易获得出口菲律宾的订单，眼看交货时间临近，但还有一大堆的活没干好。工厂就急急忙忙发通知要求全体员工晚上加班，结果根本无人响应，还被工人投诉了好几次。为此，徐根罗一次次被约到政府劳动部门接受质询，受教育，被责令改进。

　　有了一次次的教训，徐根罗开始了反思。他捧起了泰国《劳动法》《投资经营法》等本地法规，认认真真学了一遍，并因地制宜改进了员工的管理办法，制定了"干完每天的工作量即可回家"的考核措施。譬如，给流水线定的指标是"每天装配 600 个工件即可回家"。

这下工人们来劲了，一下子勤快了起来。几天下来，工人回家的时间从起初的下午五点半提前到下午三点。接下来，又规定装配 900 个工件可以算 1.5 倍日工资，工人们一鼓作气，第一天不到晚上八点就做完了 900 个。过了一段时间之后，基本在晚上六点就可以做完 900 个工件。想想这么短的时间可以拿到 1.5 倍日薪，工人们个个都乐滋滋的。

操作规范　精益求精

摸索到了适合泰国员工的管理模式后，徐根罗和中国同事们见识了泰国员工精益求精的品质。

泰国工程师告诉徐根罗，从中国带来的工艺文件太简单扼要，泰国工人看了一知半解、无从下手。他建议，技术资料事无巨细，每一个工序步骤的动作过程分解、工装工具的使用说明、零部件配置、辅件配件安放、清洁卫生要求等都要描绘得清清楚楚。

于是，中泰双方的技术人员花了大量时间来细化、改编与审核操作指导书，泰国工人人手一份。还把零部件的照片和实物用中、泰、英文标注挂在醒目位置的墙上。许多泰国工人将操作指导书拿回家认真阅读背诵，然后按指导书上所写的要求不折不扣地精雕细琢。生产线上的检验员也按照指导书认认真真、一板一眼地检验，不符合质量要求的一律剔除或返回，开检验单和计算质量指标达成值也是不折不扣。

只要写得够细致，讲得够明白，泰国员工总会比想象的做得更好。不仅是工艺文件做到事无巨细，泰国人对待任何一个小事、一个文件，都一丝不苟。工厂里"文山文海"，一大沓厚厚的文件，装订得井然有序，精致美观，文件质量更是无可挑剔。

生产规范化、管理本地化、制度体系化的完整工厂运营模式就这样建立起来了。

紧张的工作之余，工厂每年都会举办运动会，小小运动会成了工厂每年"标配"的盛事，足球、藤球、排球、乒乓球样样都有。上场的运动员们个个生龙活虎，比赛

▼ 运动员和啦啦队员们

也堪称酣畅淋漓。"啦啦队"穿着自制的服装，个个笑逐颜开。他们放开音乐，载歌载舞，将欢快的气氛烘托到了极致。

尽兴的体育比赛，热情洋溢的氛围，仪式感十足的颁奖环节，不仅让员工们放松了身心，更是搭建起了两国员工情谊的桥梁。

高质量建设绿色园区

泰国大力推动"东部经济走廊"建设，在东部沿海的差春骚、春武里和罗勇三府设立经济特区，通过大力发展基础设施及实行一系列投资优惠政策，吸引高附加值产业落户。当地政府还接连推出了连接曼谷廊曼机场、素万那普机场和罗勇府乌塔堡机场的高铁项目。

借助当地政策的东风，泰中罗勇工业园加快了发展脚步，充分发挥产业集群效应，主要吸引汽摩配、机械、新能源、电子、建材等企业入园设厂。

在引进企业时，从技术和环保上都有考量。在技术上，要求入驻企业站在泰国同类产品或国际技术前沿，并保证有高附加值。同时，污染大、能耗大、治污难度大的制造业坚决不引进。

　　为确保对当地环境的影响达到最小化，园区要求所有入园企业严格按照 ISO14001（ISO，国际标准化组织）环保标准修建厂房，并通过泰国的环境影响评估（EIA）。工厂每天产生的污水也必须接受第三方污水处理公司的处理和监测。

　　"我们拒绝的高污染高耗能的项目太多了，很多企业向我们承诺了很高的投资金额。"徐根罗说，"我们也纠结过，但环保是硬标准，我们最终还是放弃了。"

　　"之所以有这些条条框框，是因为我们深知中泰双方需要共同成长，所以必须遵守当地法律，尊重当地发展要求，只有互惠互利、互帮互助，大家的事业才能长久。"

　　2013 年，富通集团（泰国）通信技术有限公司在泰中罗勇工业园内建成了东盟地区规模最大的通信光缆厂。这

▼ 泰中罗勇工业园入园企业服务中心

类企业污染小、效益高，还能充分带动当地就业。富通集团常务总经理徐木忠介绍，通过入驻园区，公司在拓展海外发展空间的同时，还填补了泰国光缆技术的空白，成为中泰双方国际产能合作的典范。富通集团目前正在园区内建设二期工程，将在本地打造行业内规模最大、专业化水平最高的光纤光缆工程，为当地发展提供更多的机遇。

截至 2019 年 11 月，入驻泰中罗勇工业园的企业已达130 余家。其中，一半以上都是在近五年陆续入驻的，工业园内泰国员工约占员工总数的 90%。

园区的管理服务人员介绍："现在，我们把产能合作当作重点，努力引进产业龙头，让他们带动形成产业链，最终在这里构建一个有着工业、商业、医疗、文化教育等一体化的综合商业生态圈，让泰中罗勇工业园成为可持续发展的常青园区。"

▼ 曼谷火车夜市

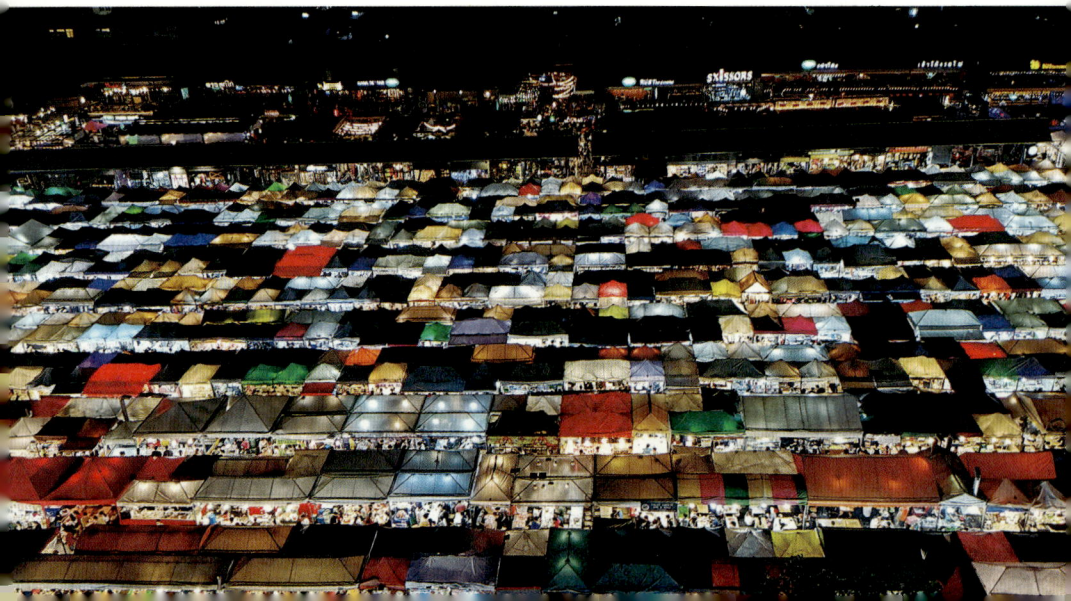

泰中罗勇工业园自开发建设以来，就把自身定位为泰国本土园区，融入本土文化，以泰国当地为家。如今，走进泰中罗勇工业园，湛蓝的天空下，绿树、鲜花、草地与整齐划一的厂房交相辉映，如花园一般美丽。经常能看到中泰两国员工一起在园区内散步，他们一起欣赏这里的美丽景色，互相教对方说几句泰语和中文，一起憧憬未来，描绘出他们心中共同的梦想。

项目概况

泰中罗勇工业园由浙江华立产业集团控股的泰中罗勇工业园开发有限公司投资建设，位于泰国安美德工业城内。园区位于泰国东部海岸，靠近曼谷和廉差邦深水港（距离曼谷市区114公里，距离廉差帮深水港27公里）。园区规划总面积12平方公里，一期1.5平方公里，二期2.5平方公里，三期8平方公里，包括一般工业区、保税区、物流仓储区和商业生活区。

园区已开发完成7平方公里，130余家企业落户投资，带动中国对泰投资近23亿美元，累计实现工业总值超过50亿美元。园区主要吸引汽摩配、机械、新能源、电子、建材等中国企业入园设厂，充分发挥产业集群效应，在为当地增加就业、提高税收、扩大出口创汇等方面发挥了重要作用。

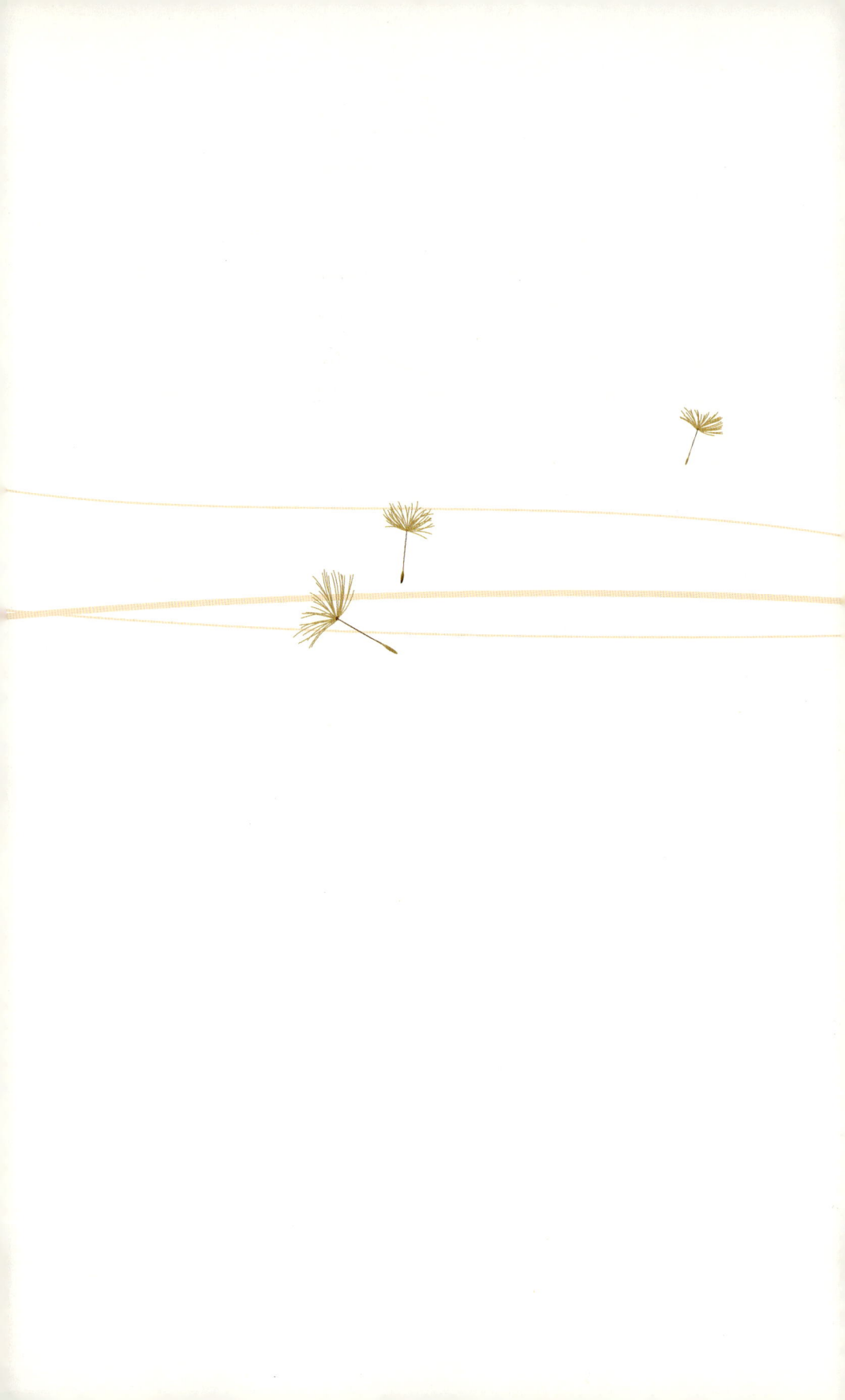

马普托湾上的"梦想之桥"

作者：胡一峰

[莫桑比克] 卡席尔瓦·马嘎亚

清晨，莫桑比克的首都马普托市沐浴在海风之中，的士司机达瓦里穿戴整齐，走出自己新盖的房子，启动出租车，向市中心驶去。没多久，他就开到了马普托—卡腾贝跨海大桥（以下简称"马普托大桥"）。每次开到这里，他总要放慢速度，仔细地看着桥上的景色，脑海中浮想联翩。因为，这座桥的建成，有他的汗水，对于他来说，这是一座名副其实的幸福之桥。

老司机的"莫桑比克梦"

达瓦里家住在卡腾贝地区，家有弟兄五人，靠父母在路边卖木薯粉为生，每月收入2000梅蒂卡尔（约200元人民币）。一家子挤在一间茅草房里，是村子里出了名的"特困户"。不甘贫穷的达瓦里曾远赴南非打工，但人生地不熟，也没挣到钱，折腾了差不多五年，日子依然没有起色。

马普托大桥开始建设后，达瓦里幸运地成了大桥项目的一名司机。因为在项目建设者中他的年纪较大，所以大家都亲切地称呼他为"老司机"。他勤俭肯干，虚心好学，收入不断提高，还养成了储蓄的习惯。在项目组，达瓦里平均月工资18000梅蒂卡尔（约1800元人民币），除去各种开销，每个月能存下8500梅蒂卡尔，一年下来能攒出来近10万呢！

就这样，达瓦里的日子渐渐红火起来。他盖起了新房，实现了从"特困户"到"有房族"的逆袭。外企员工的身份，还提高了他的社会地位。他与漂亮的圣罗西塔姑娘喜结良缘，还养育了一双儿女。说起这段经历，达瓦里激动地说："It changed my life！中国公司来了之后，我们的生活就发生了巨大的变化！"

和达瓦里一样，从大桥项目尝到甜头的当地人还有许多。项目提供了不少就业机会。建设最高峰时曾雇用了当地员工逾3700人，分别就职于不同的施工岗位和管理岗位。项目部定期开展专项业务技能培训，有效地提高了当地员工的工业务水平，培训了大量的专业技术人员，并为离职的优秀员工办理工作证明以便今后再就业。

如今，在达瓦里居住的村子，许多村民因为在项目上

▼ 马普托大桥远景

工作过，日子逐渐好了起来。好多人家都在修房搭屋，呈现出一片热火朝天的景象。他们像达瓦里一样，正用努力和勤奋，实现着他们各自的"莫桑比克梦"。

不过，马普托大桥更重要的意义在于为马普托市的发展奠定了基础。马普托市被马普托湾分成南、北两部分，北岸的马普托城区已发展为一个拥有200多万人口的中心城区，南部的卡腾贝地区的发展却因交通制约而停滞不前。同一座城市的两岸出现如此巨大的发展差距，重要原因之一就是马普托湾阻断了两岸的经济往来。

虽然马普托湾最窄的位置宽度不到700米，但多少年来，由于缺少连通两岸的公路通道，当地民众完成一次渡轮通行需要等待约一个半小时，而在交通高峰时段，有时甚至需要等待五六个小时。这不但给两岸民众的交通造成

了阻碍，而且限制了马普托市的整体发展。

2018 年 11 月 10 日，这一切发生了根本的改变。马普托大桥及连接线在这一天正式通车啦！这一天，又正好是马普托建城 131 周年的纪念日，真是双喜临门。

为了表达喜悦的心情，马普托市举行了盛大的庆典仪式。人们通过传统歌舞和飞行表演等多种形式表达对大桥通车的喜悦和祝福之情。莫桑比克总统纽西以及中莫两国官员、超过 3000 名当地民众参加了庆典活动。面对这座非洲跨度最大的悬索桥，梦想成真的人们纷纷赞叹：太壮观了！

大桥的通车为拓展马普托城市空间和加快卡腾贝地区的城市化进程提供了必要条件。莫桑比克政府对此已作出了详细的规划。未来，卡腾贝地区将打造占地约 2000 公顷、人口至少为 40 万人的新城，重点开发工业、物流业、旅游、商业和居住区等。美好的远景正在向勤劳的马普托人民招手。

多方合作结硕果

"希望有生之年能去中国工作，切身参与中国的桥梁建设"。来自南非的迪安在马普托大桥竣工后，曾向中方工程师许下了这个心愿。

迪安何出此言？

因为在四年多的合作中，迪安对中国团队的"工匠精神"充满了敬佩。他发现，这些和他共事的"中国工匠"在工作中实事求是，一切以有利于高效优质地完成项目为出发点，不存在国别和种族的歧视。

"这才是真正的工匠精神，也是科学精神。"迪安郑重地说。为此，他很想去中国，切身体验一下中国的桥梁建设。

像迪安这样的工程师，在项目部里还有不少。马普托大桥虽是中莫两国合作的成果，但它同时也吸纳了其他国家的技术力量，可以说是一项多方合作的典范。

项目开始进行得并不顺利，甚至不夸张地说，它是在争论中拉开序幕的。

大体上，中方更多地强调施工技术经验，而莫桑比克方的业主及其咨询团队更注重理论演绎推算，思维方式差异在短期内无法解决，有时候争论一天也毫无结果。

为此，项目部聘用了国际知名的质量监控、设计咨询公司——德国 GAUFF 以及南部非洲著名监理公司 CPG，作为项目质量安全监控和设计咨询方，将项目打造成国际化 EPC 工程设计、施工、采购、监控、咨询、管理全产业链。同时主动引进香港咨询公司（AECOM）、南非桩基检测公

司（GEOSURE）、武汉国检等多家第三方检测单位对产品质量严格控制。

国际化技术平台的搭建，有效地保证了大桥的施工质量。

但分歧依然存在。

在多方合作过程中，大家出于保障桥梁质量的初衷，经常因对细节的不同理解而争论不休。比如，有一次，中方工程师和德国监理人员就对混凝土梁内部钢绞线实际伸长量，产生了 3 厘米的数据分歧。双方都没有放过这看似小小的 3 厘米。经过仔细排查沟通，双方的分歧终于解决了。这充分彰显了项目重视施工质量、精益求精的工匠精神。

在工程材料领域工作了 30 多年，经验十分丰富的迪安对此深有体会。

他在马普托大桥项目中负责工程材料的监理工作，最关心的是结构的抗腐蚀和耐久性问题。在他的监督下，从混凝土的材料配比、预制施工、现场浇筑到钢结构的场内加工和现场拼装等诸项工作，都有条不紊地进行。

大桥的混凝土结构同时参照中国和欧洲设计标准，采用了最严格的混凝土抗腐蚀保护层厚度设计。项目部还联合相关的研究机构对当地的混凝土原材料进行了充分的调研和试验，创新性地完成了高性能混凝土在桥梁中的应用。

精良的混凝土和钢结构质量，获得了迪安以及各方的普遍认可。

为了表彰其优异的混凝土结构设计与施工成果，南部非洲混凝土协会于 2017 年和 2019 年，两度向项目颁发混凝土最高质量奖——FULTON 奖。

"守护未来"美名扬

家住马普托市郊的祖玛，出门会经过一座跨路钢架桥。这座桥也是马普托项目组为当地人修建的。桥的另一侧是西阳固学校。每次走在桥上，祖玛心里总会涌上一股酸楚，不由得想起悲伤的那一天。

在钢架桥修建之前，许多上下学的孩子需要横穿马路。祖玛的大女儿在一次穿越马路时，不幸被疾驰而来的车撞倒。得知消息的祖玛，疯一样地赶到了现场，但是大女儿已经没有了呼吸。她号啕大哭，悲伤无比，吸引了很多百姓围观。人越聚越多，道路被封堵了。大家纷纷议论，这里没有人行通道，孩子们的安全难以保障，需要切实改善。一时间，这一事件成为当地电视和报纸的头条新闻，市政府官员虽多次与民众沟通，积极应对，但解决起来确实存在一定的困难。于是，当地政府向正在修建马普托大桥的中国公司寻求帮助。

　　项目组了解情况后，决定伸出援手。"为了孩子们的生命安全，我们将在一个月内，专门为孩子们修建一座人行钢架桥。"听到中国项目组的承诺，在场民众欢欣鼓舞，纷纷竖起大拇指："中国，好样的！"大桥业主马普托南部发展公司总经理马加亚先生对此更是大加赞叹。

　　中国项目组的执行力是惊人的。短短几个小时就完成了从选址到设计的完整方案，并且迅速展开了建设。一个

▼ 守护未来的人行天桥

月后，崭新的钢架人行天桥已伫立在西阳固学校门口的公路上。

一年多后，祖玛的小儿子也到了上学的年纪，看着背上书包的孩子越来越懂事，丧女的阴影渐渐从祖玛心中散去。她知道，比起大女儿，小儿子幸运多了，因为他有了一位守护者，就是中国朋友修建的这座墨绿色人行天桥。

这座特别的桥，守护着孩子们的生命，也守护着这个国家的明天，将永远被当地民众铭记。

莫桑比克是古代海上丝绸之路的重要一站。1558 年，一艘满载中国瓷器的商船曾在此停靠。莫桑比克的居民至今保持着使用瓷器的习惯。今天，古代海上丝绸之路印记尚存，新时代海上丝绸之路的美丽画卷已徐徐展开。马普托大桥建设，让两国人民传统友谊得到继承和发扬。将来一定会有越来越多这样的成功合作项目跨越太平洋和印度洋的阻隔，中莫两国的友谊将牢牢缔结。

项目概况

马普托大桥自北连接马普托市区数条市政道路，向南通过约 110 公里道路直达莫桑比克与南非边境口岸。项目由中国路桥工程有限责任公司承建。

大桥设计为单跨重力式锚碇悬索桥，主跨 680 米，南北塔标高 141.2 米，是非洲最大跨径的悬索桥；北引桥长为 1097 米，上部结构为混凝土预制 T 梁与刚构上连续混凝土箱梁；南引桥长为 1234 米，上部结构全部为预制 T 梁，主引桥总长 3.011 公里。

马普托大桥项目凭借优秀的施工质量、良好的国际合作、科学的安全管理、创新的结构设计及对南部非洲滨海地区基础设施建设的贡献，荣获 2019 年美国《工程新闻记录》（ENR）全球最佳项目评选活动桥梁类优秀项目奖。

通往安巴的新门户

作者：李邺南

[安提瓜和巴布达] 斯图亚特 - 杨

碧蓝的天空中，一架飞机盘旋着准备降落。彼得从舷窗望下去，加勒比海碧波荡漾，水面东北端有两个南北相隔不远的小岛，这就是安提瓜和巴布达（以下简称"安巴"）。

彼得是一位潜水爱好者，毕业旅行的时候，他曾和伙伴们来到安巴这个潜水胜地，美丽的景色给他留下了深刻的印象。今天，他带着家人故地重游，想要重温当年的美景。但当他走下飞机，举目四顾，急匆匆的脚步却停了下来。

这座安巴唯一的机场，跟过去完全不同了。眼前的这座航站楼设计生动新颖，弧形屋面富于动感，很符合当地风格，成组排列的圆柱像迎宾的使者，表达着安巴人民的好客之情。

▼ V.C. 伯德机场新航站楼全景

彼得正感慨着这里的新变化，忽然发现航站楼前有一块竣工纪念碑。他走过去，饶有兴趣地读了起来。原来，这座占地两万多平方米的恢宏建筑是由中国提供资金支持、中国土木工程集团有限公司建设的，2015 年正式投入使用。

安巴起飞新体验

安巴自然条件独特，拥有众多优质海滩，气候宜人，景色秀丽，具有浓郁的热带风情。旅游业是这里的主要产业。其中，安提瓜岛以海滩、国际赛艇比赛和狂欢节著称，巴布达岛则因军舰鸟和粉红沙滩吸引了大量游客。安巴旅游业及相关产业产值占国内生产总值的比重高达70%以上，是加勒比国家中对旅游业依存度最高的国家之一。

安巴历届政府都致力于把本国打造成为东加勒比地区的航空枢纽，以更好地促进旅游及相关服务业的发展。但是，原先的机场航站楼面积狭小、设备陈旧、功能比较落后，随着游客数量的不断增长，日显局促。建设一个现代化的新航站楼，成为安巴政府和人民的迫切愿望。

应安巴政府要求，中国政府提供资金支持安巴 V.C. 伯德国际机场（以下简称"安巴机场"）新航站楼的建设。安巴机场新航站楼工程总建筑面积达 5 万多平方米，为地上两层建筑，高度 18.5 米。

▲ 安巴现代化的新航站楼

由于新航站楼工程毗邻旧航站楼，建设过程中，既要确保旧航站楼正常运营，又要有效组织新航站楼及附属工程的施工，对隔离防护、安保等方面提出了很高的要求。为此，承建单位制定了严格的工作规范，按照全封闭式施工规定开展施工作业，并定期开展全员安全培训，时时监控施工区域防护状态。在不影响旧航站楼运营的同时，确保了新航站楼的建设进度和施工安全。在施工过程中，中方承建单位还克服了主体结构施工难度大、机场专业机电系统安装及联合调试难度大等棘手问题，以铸造精品工程的精神，完成了工程设计、施工、监理、验收等工作。

同时，中方承建单位充分贯彻了环保理念。利用自

然采光，采用太阳能、雨水收集等绿色施工措施，使用 LOW-E 玻璃、双层屋面板、球形风口等 12 项节能材料和 8 项节能系统，最大限度节约资源，减少对环境造成的负面影响。机场航站楼按照现代化 4E 级机场标准设计和建造，可满足年吞吐量 150 万人次的运营需求。

在两国建设者的共同努力下，2015 年 8 月 20 日，安巴机场新航站楼工程顺利移交，并在当天开始试运行。

机场是安巴通向世界的门户。新航站楼的建成，大幅提升了安巴的国际旅客接待能力，进一步凸显了安巴在加勒比地区的交通枢纽地位，也成为安巴人民引以为傲的地标建筑。安巴总理贾斯顿•布朗曾这样评价道："中方的援助为安巴乃至整个加勒比地区发展带来了更为光明的前景。"

投入使用三年多来，新航站楼让安巴人民感受到了经济发展的惊喜。2018 年，到访安巴的游客超过 100 万人次，特别是过夜游客人数显著增长。

全新的现代化机场

如今，安巴机场是整个东加勒比地区最先进的机场之一，自动化程度较高。航站楼配备了安检信息系统、信息集成系统、计算机网络系统以及自动行李分拣系统等。

　　高效的运营管理和舒适的出行体验，让安巴机场树立了良好的口碑，越来越多的旅客选择安巴作为中转机场。新航站楼建成后，飞往英国的航班从每周 5 班增加到每周 14 班，飞往美国的航班也增加到每天 2 班，周末会增加到每天 4 班。

　　现代化的信息管理系统极大地提高了机场的运营效率，在安全和安保方面也达到了国际机场的一流标准，很好地保证了旅客出行的便捷性和舒适性，获得安巴社会各界的一致好评，对提升安巴国家形象和发展旅游经济也起到了促进作用。

　　对此，Liat 航空公司的地勤人员马丁比一般旅客的体会更加深刻。马丁在机场负责行李分拣装卸工作，每天大量的弯腰和搬运，让他多年为腰疼病所困扰。"以前工作的时候，我们要和其他航空公司的人在一个转盘上各自把行李挑出来，不停地弯腰、起来，一天下来腰酸背疼的，有时候还会出错。"

　　"现在好了，不但有三个转盘，最主要的是它可以自己把行李按照各个航空公司分开，我只要盯着分给我们公司的转盘就好了。你别看现在飞机多了，人也多了，反而比之前轻松很多。"他十分激动地说，"我的腰疼病可好多了！"

把技术留给当地人

获得一份在安巴机场的工作，是许多当地人的梦想。从新航站楼建设开始，中方就特别重视当地员工的培养，还大量使用当地施工机械设备，加强与当地建筑相关行业合作，带动当地就业约 350 人。新航站楼通航后，为当地创造了 500 多个就业岗位。

泰蒙负责航站楼所有机械设备的维修保养工作。机场涉及的专业机电系统多，设备来自美国、欧洲和中国等多个国家，供电制式、接口参数、安装方法都有不同，并网联调难度很大。

为了早日掌握技术，航站楼建设期间，凡是涉及专业设备安装，泰蒙都会早早来到施工现场，不但积极参与，还主动向中国工程师和厂家人员请教学习。大家都半开玩笑地叫他"学霸"。

对这个美称，泰蒙欣然接受。他说："这座航站楼里面有太多太多的现代化设备，这么好的学习机会，我一定不能错过，现在有中国朋友帮我们建设安装，但将来都是要我们自己去维护保养的，我要学好技术，运营好我们自己的航站楼。"不论是行李分拣系统、在线式安检机，还是登机廊桥、电梯、扶梯、发电机等设备的安装、调试、培训现场，都能看到泰蒙的身影。他积极动手，认真记录，怕记不住还拿出手机录视频。

天道酬勤。航站楼通航后，泰蒙成了技术骨干，现在已经担任机修班负责人，带领着他的团队为航站楼的正常运营保驾护航。"感谢中国，感谢中国朋友，"他说，"他们为安巴创造了历史，建设了这么好的一座航站楼，并且毫无保留地将技术知识传授给我们，这才是真正的朋友！"

相知无远近，万里尚为邻。安巴的国徽中心图案为盾徽。盾徽下端的绶带上写着"人人全力以赴，方能取得胜利"。安巴机场新航站楼的建设过程，生动地体现了安巴国徽上的这句箴言。新航站楼建设让出行更加便捷，缩短了人与人之间的距离，而两国建设者的共同努力，则让心与心更近了。这一份深情厚谊如蓝天上的彩虹，靓丽夺目，与安巴的海滨美景相映生辉。

▼ 安巴机场航站楼外观

项目概况

安巴 V.C. 伯德国际机场新航站楼项目由中国土木工程集团有限公司 EPC 总承包，中国政府提供资金支持。

工程总建筑面积 53830.81 平方米，2015 年 8 月 20 日正式移交并试运行。新航站楼被誉为安巴最雄伟的基础设施之一。航站楼通航后，荣获加勒比旅游杂志 2015 年度加勒比机场的称号。

"创造太阳" 创造未来

作者：任飞帆

[乌干达] 艾丽娅·菲奥娜

在乌干达首都坎帕拉市区，一栋崭新的红白二层小楼在黄土地上格外醒目。一群群身穿整齐制服的黑人青年，头戴白色安全帽，脚踩黑靴，步履轻快地走进小楼。这里是四名中国"90后"创办的培训学校——"创造太阳"乌干达石油学院（以下简称"创造太阳"）。

这所学院成立于2017年，已累计为乌干达培养了2000多名专业人才。学院不仅硬件条件优越，开设的油气领域技能培训、安全培训、理论培训和管理培训等课程也深受当地人欢迎，为提升非洲青年技能水平作出了积极贡献。

一所改变人生的学校

26岁的山姆就是"创造太阳"的毕业生，现在他已经是拥有五名员工的焊接作坊老板。他的作坊主要生产铁床、门窗、栏杆等数十种产品，月收入达到300万乌干达先令（约810美元）。而当地的人均月工资只有40万乌干达先令左右，还有60%到70%的青年人找不到工作。跟他们相比，山姆已经算是迈向了"小康"。

山姆能有今天的成就，多亏参加了"创造太阳"的培训。当年，他怀揣着疑问来到这里。这是一所什么学校？我能在这里学到什么？来自中国老师的授课方式我能习惯吗？培训开始后，他的疑虑一点点打消，取而代之的是每天新

的收获和震撼。

为了让学员接触到最先进的焊接技术，学院从中国请来了顶级焊接培训老师；为了让大家更好地理解讲授的内容，学院还给老师配了专业翻译！

到了焊接实训现场，山姆更加震撼了。学院居然为他们准备了充足的焊条进行练习。要知道，这些焊条基本上都是进口产品，成本很高，其他学校一般半年只提供几根给学生练习。但"创造太阳"似乎不计成本，让学生充分实训。

每天早上，老师都会发好材料，以三人为一小组开始练习并进行针对性指导。实训任务完成后，老师会把大家

▼ 国际焊接技能培训

INTERNATIONAL WELDING TRAINING
BY SUNMAKER ENERGY UGANDA LIMITED, FEB .8TH-APR. 6TH, 2018

都组织起来，再对共性的问题进行整体辅导。这样的培训模式和授课方式密集而紧凑，非常高效，山姆的焊接技术逐步提升。项目结束后，他顺利获得了美国焊接协会颁发的手工焊证书。这在之前是想都不敢想的事情。

从"创造太阳"顺利毕业之后，山姆发现市场上的民用焊接成品质量不高，零件经常损坏。他心中渐渐有了创业的念头，就找遍亲朋好友东拼西凑买了一台像样的焊机，开始了自己的创业之旅。凭着在"创造太阳"学到的过硬技能，一点一点有了口碑，才发展到如今的兴旺光景。

现在，山姆经常回忆起在"创造太阳"学习的时光，他觉得那是一段改变自己人生的日子。短短三个月，让从不规划未来的他，有了努力的方向，前景也变得更加清晰。"我打算用一两年时间让员工达到20人"，这是山姆近期的规划。每当谈起这个目标，他流露出来的自信总能感染周围的人。

山姆的同学们也像他一样，受益于"创造太阳"的培训项目。培训结束后，学员就业率为100%，远高于预期的30%，薪资则是当地正常焊工的2至3倍。30名同学中，14人去了乌干达的中资公司，12人去了乌干达本地公司，2人做了教师，2人自主创业。

山姆的同学维森特和朱利叶斯的人生也因为这次培训迎来了转机。焊接培训项目结束后，维森特参加了乌干达

教体部主办的第一届乌干达技能大赛，获得焊接小组第一名的好成绩。朱利叶斯更是代表乌干达参加了世界技能大会（WorldSkills）举办的非洲第一届技能大赛，获得了焊接组第二名的好成绩。

架起工人与公司的桥梁

近年来，非洲基建项目活跃，对技术人才需求旺盛，而本土技能工人仅占总人口的 0.5%。一面是非洲青年大量失业，一面是企业技术工人招工难，非洲的发展急需高质量的职业技能培训。

2017 年，"创造太阳"初创团队踏上了非洲大陆进行调研，确定了扎根非洲开展培训的项目。在综合考察周边国家的情况之后，最终选择乌干达作为自己走向非洲的第一步。

乌干达职业院校很少，仅有的几家要么设备不足，要么没有合适的老师，很多国际援助的机器放在一边布满灰尘，有的甚至几年都没拆封，更别说用于培训学生了。

"创造太阳"有效满足了乌干达对技术人员的需求。学校刚刚建好没多久，当地一家专门生产路灯结构的公司就找到了他们。

　　这家公司叫"维多利亚"，主要生产焊接路灯支架。虽然已经成立很多年，但由于技术相对落后，产品一直比较单一，发展比较缓慢。他们迫切需要提升员工的焊接水平，生产更多高质量产品，把握乌干达经济迅速增长的机会，尽快占领市场。

▼ 维多利亚公司员工培训现场

"虽然'创造太阳'是一家新的学校,但师资雄厚、设备先进。我非常欣赏他们理论与实践紧密结合的教学理念,在考察几家职业学校后,我毫不犹豫地选择了这里。""维多利亚"公司的负责人说,"我希望培训能提升员工的焊接水平,为公司下一步的产品多样化和市场扩张打下基础。"

在深入了解"维多利亚"公司的焊接技术状况后,"创造太阳"为其设计了员工培训整体方案,其中,包括专门的一对一培训计划。为期三个月的培训项目,让公司16名焊工的技能得到大幅提升。一名焊工从最初一天焊接三根路灯支架上升到了一天焊接10根,月度产值提升了60%,公司产品也从单一路灯支架扩展到大尺寸管道和密闭容器。

目前,"创造太阳"已经与乌干达当地多家企业签署备忘录,就人才培训达成合作意向。此外,还与乌干达教体部、中国石油大学(华东)初步达成协议,共建东非石油技能培训中心。

学校就是家　这里有亲人

伊迪丝是学员们总挂在嘴边的名字。一提起她,所有人都不禁竖起大拇指。"在这里,我们收获的不仅是技能的提升,还有家庭般的温暖。"在毕业备忘录上,一位学员动情地写到。然后于空白处,写上"伊迪丝"并在四周画满了爱心。

伊迪丝是"创造太阳"的一名当地员工，负责整个培训项目的内部运营，课程安排、老师对接、学员住宿、餐饮质量等都属于她的工作范畴。虽然每天的工作很忙碌，但伊迪丝总是笑呵呵地完成手头的工作。

2019年初，伊迪丝却笑不出来了。因为她的母亲不幸患癌症住院，住院费用对于这样一个刚刚工作的年轻人来说，无疑是一笔巨款。生活的重担让这个初入社会的小姑娘每天愁眉不展。学校了解到这个情况后，不仅经常为她加油鼓劲，还默默地帮助她支付了住院费用。伊迪丝的母亲最后因为病情恶化离开了人世，学校体谅她的心情，每天请当地的员工陪伴她、开解她。慢慢地，伊迪丝从伤心、颓废中振奋起来，对生活有了新的希望。

现在，伊迪丝正以更加积极的心态投入工作中，还申请了麦克雷雷大学的在职研究生，这为她的未来打开了一扇新的大门。她经常自豪地说："学校就是我的家，这里有我最亲的亲人！"

在"创造太阳"的大家庭中，无数青年人开始描绘更精彩的人生。有的从没有教学经验的大学生成长为骨干教师，有的从普普通通的清洁工成长为独当一面的行政主管……

"运用知识能源开发物质能源，创造出一个新的太阳"，

▲ "创造太阳"乌干达石油学院

是"创造太阳"乌干达石油学院的目标。几个年轻的中国创业者带着无限的热情,在非洲大地上挥洒他们的青春和汗水,和乌干达的年轻人一道闯出一片天地。"创造太阳"在海外开展职业教育的创业模式可谓独辟蹊径,这也意味着中非合作正向着更多元、更深入的方向发展。

项目概况

"创造太阳"乌干达石油学院由来自北京大学、对外经济贸易大学、中国石油大学的四名博士创办。学院致力于通过提升非洲青年技能水平来增强非洲自我造血能力，改变非洲人力资源结构，从而提升非洲国家自主发展能力。目前，学院总部设于乌干达，并在肯尼亚、坦桑尼亚、埃塞俄比亚、尼日利亚等国设有办公室。

"创造太阳"乌干达石油学院占地21亩，于2018年6月完工。分为教学区、生活区、办公区，可同时容纳600人上课和200人住宿。目前，学院开设了技能操作、石油工程、管理、QHSE（质量、健康、安全、环保）管理体系等四大领域的课程。已完成28个培训项目，累计培训2000余人。

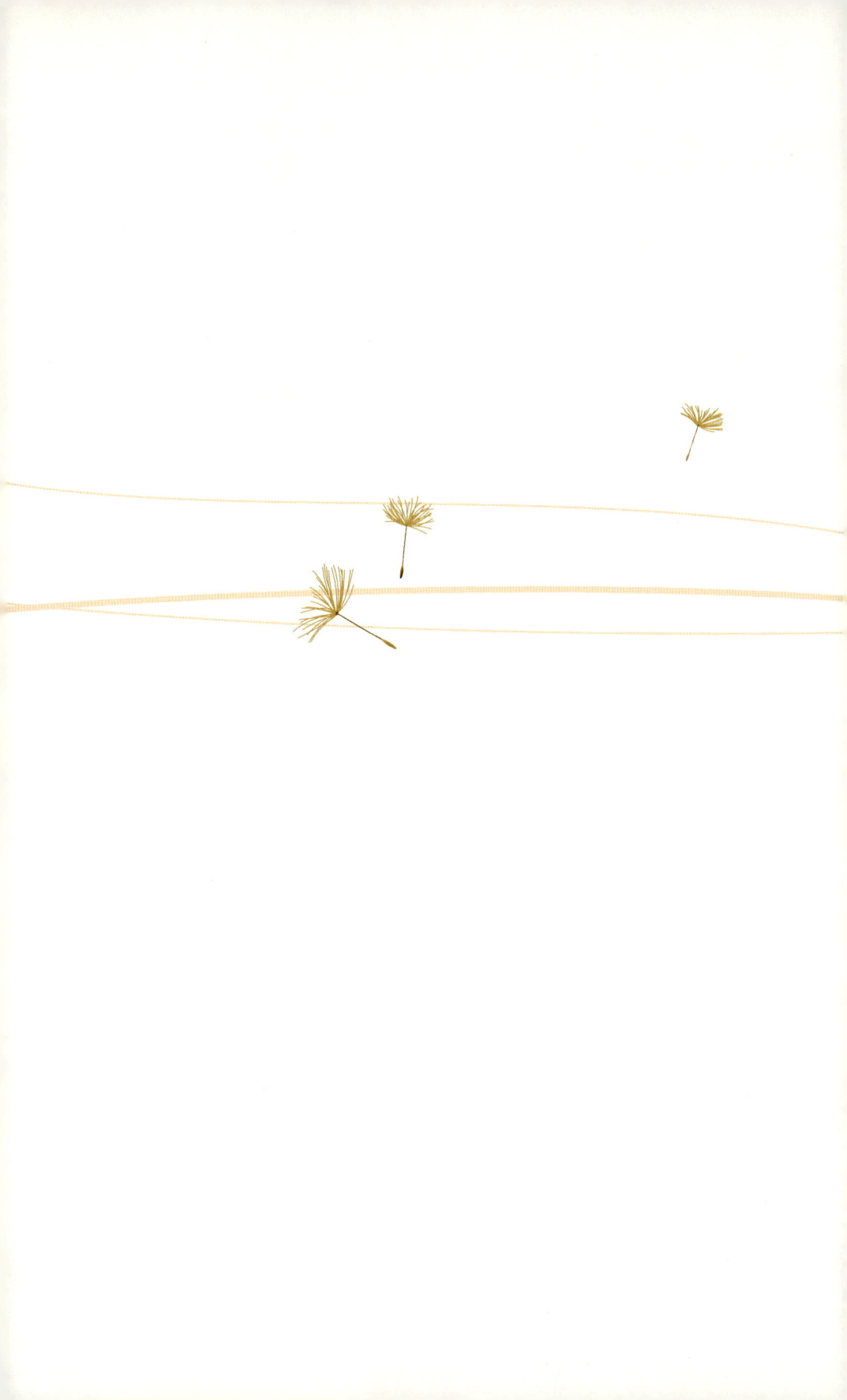

"巨石"般矗立的中白工业园

作者：马李文博

[白俄罗斯] 叶卡捷琳娜·罗季奥诺娃

在白俄罗斯明斯克州，进出中白工业园的人们都会注意到工业园入口处的标志性巨石。"巨石"是白俄罗斯总统卢卡申科为中白工业园所取的名字，意喻"中白两国人民友好的基石"。在两国政府的积极推动下，这块"巨石"巍然矗立。一系列举措的实施让园区拥有令人赞叹的建设速度，为园区入驻者创造了良好的投资环境，给白俄罗斯乃至各国企业带来越来越多的福利。

如今，放眼望去，园区内宽阔的道路两侧，悬挂着的中白两国国旗迎风招展，独具中国特色的物流展示交易中心光彩夺目，设计独特的综合办公楼的玻璃幕墙在阳光下熠熠生辉，由中国政府援建的科创中心像蓝色的钻石晶莹闪烁。工人们正在加紧施工，一栋栋厂房拔地而起，一座充满生机的产业新城在这片希望的田野上诞生。

"巨石"立起来了

中白工业园是白俄罗斯最大的招商引资项目。中白双方发挥各自优势，积极为各国企业提供服务，使投资环境日趋便利，基础设施建设日益完善，加上广阔的市场前景，吸引着越来越多的企业进驻园区，为白俄罗斯经济发展增添了活力和动力。

园区的办事效率让人惊喜。通常情况下，企业入驻都

要面对复杂的办事程序、烦琐的申请表格……耗费大量的时间，而在中白工业园，企业却没有了这样的烦恼。

在园区的综合办公楼里有一个特别的大厅，入口两侧的墙上贴着园区所有入驻企业的品牌标识，里面用玻璃隔挡分出多个小间。"这是我们学习借鉴中国苏州经验设立的园区'一站式'服务大厅，白俄罗斯多个政府部门的工作人员在这里办公。"管委会第一副主任介绍。目前俄文、中文、英文、德文等多语种"一站式"电子服务系统也已经投入使用，企业所需的手续90%可以在线办理，不仅非常便利，而且大大节省了时间。

除了办事效率高，中白工业园的建设速度也令人印象深刻。一家企业投资建厂时，正是冬季，企业管理者以为短时间内动工无望，结果四个月后，企业就搬进了园区内高质量的新家。

"你永远不会踏入同一个中白工业园。"——当地白俄罗斯人这样形容工业园建设速度。

园区只用了一年时间就建成了必要的基础设施：110千伏电站开始供电，供水、排水、供气、通信管网铺设完成，写字楼、标准厂房、污水处理厂完成施工。2016年，中白工业园平均每天新铺设36.5米道路，新建110.1平方米标准厂房、11.9平方米写字楼，创造了一个建设奇迹。

"这一切从无到有，梦想正在变为现实。"中白工业园管委会第一副主任热情地说:"中国是白俄罗斯的'铁哥们儿'。"

　　园区建设期间,由于有大量建材需要运输,明斯克郊外的火车站成了中欧班列运输物资的重要一站。园区内的铁路一直连接到明斯克机场,白方海关在园区设立海关站,加快了清关速度。中白商贸物流园给企业提供了全供应链物流保障,包括商贸、保税仓储、保税加工等服务。

▼ 园区内的商贸物流园已投入运营

众人拾柴火焰高，在中白双方共同的努力下，园区的投资环境得到了越来越多企业的赞赏。

2017年，白方进一步放宽入园项目类型，同时，中白工业园还将科研、结构和工艺实验类项目的最低注册资金从500万美元降低至50万美元，工业园的税收政策让企业能够以最小的负担把力量完全投注在自身的发展上……

凤凰花开，蝴蝶自来，园区里一块又一块响亮的招牌被挂起，越来越多的企业来这里扎根。

中白工业园对企业的吸引力不断增强，同时，也给当地带来活力和福利。仅2018年，园区向当地纳税1670万美元，有5000多名白俄罗斯人在这里找到了工作，当地建设企业分包工程合同额近1亿美元，白方人员参加中方经营管理培训超过300人次。

每到上下班的时候，园区的公交车里总能看到来自世界各地洋溢着自信的面孔，仿佛一个热闹的国际大家庭。园区也的确越来越像一座新家园：银行网点已经开始对外服务，员工已经搬进宽敞明亮的员工公寓，楼下便是邮局、药店、卫生室、小超市等配套服务设施，还有白俄罗斯风格的消防站、多种语言的取款机、24面商业广告、二战主题酒吧"军官坊"……从天空鸟瞰，园区20多条30～50米宽的原始林带形成了一道道生态防护屏障，近千棵新栽下的果树郁郁葱葱，一切都透着生机……

在工业园里实现的发动机梦想

马兹控股集团是白俄罗斯最大的国有企业，也曾经是独联体国家最大的汽车工厂之一。在马兹汽车厂博物馆里，大量的奖杯、模型和照片记录着历史上的辉煌……

两张照片，让中国汽车技术工程师王明理感慨万千——

一张是20世纪50年代，马兹汽车厂的专家援助建设中国汽车工业的场景。那时候，新中国在技术和资源方面都较为匮乏，苏联专家帮助中国汽车工业蹒跚起步。另一

▼ 马兹·潍柴公司

张是 2017 年马兹·潍柴合资公司在中白工业园举行奠基仪式。

一个甲子后，中国企业开始与马兹汽车厂合作创造新的历史。

由于不具备生产发动机的能力，要花大价钱从国外购买发动机和诊断设备，这在很大程度上影响了马兹的发展。马兹装配车间里的老员工总在唉声叹气：现在车间一年只生产大约 1 万辆汽车，远比不上以前高峰期年产近 3 万辆的规模。

能够自己生产发动机，是让马兹汽车重新焕发活力、加速前进的关键所在。

中白工业园促成了马兹与潍柴动力的合作，两家企业在园区内成立了合资公司。这下，马兹汽车终于拥有了一条生产卡车的完整产业链，能够全力"奔跑"了！

为了让马兹汽车跑得更好，马兹·潍柴还将员工送到中国学习，让他们完全掌握发动机的制造技术。并且，中方企业还向明斯克汽车工程学院捐赠近百万美元的培训装备，建立发动机动力总成培训中心，创立了发动机技术人才双向培养机制，彻底解决了白俄罗斯发动机技术人才的培训和培养难题。

在历史的变迁中，中白工业园见证了中白两国企业再度携手合作、实现共同发展的梦想。

工业园里的田园

小牛村是中白工业园里一个有着百年历史的小村庄。

刚听说家旁边要建工业园的时候，小牛村的老百姓有些不安，担心从此失去田园风光，失去清新空气，更担心的是让他们搬迁……

中白工业园将小牛村列入原生态保护区，不动一间房，不砍一棵树，又为村里修了柏油路，村里老百姓心里的一块石头总算落了地……

如今的小牛村被完整地保留在园区内，路通了，人们的生活改善了。路两旁有的民房不久前刚刚翻修，有的大门重新刷了油漆；平坦的柏油马路上，骑着童车的小女孩在嬉戏玩耍。

"修路之前，虽然村中有暖气和燃气供应，但由于出行不便，很多村民在冬春两季都不愿意住在村里。"生长在这座村庄、如今在中白工业园工作的罗季奥诺娃说，自从有了平坦宽敞的"中白友谊路"，出行方便了，人们越来越愿意搬回村中居住。园区就近招工，不少村里的年轻人在家门口上了班。同时，园区也会采购村民自己种的蔬菜和水果等，增加了他们的收入。

2016年7月13日，白俄罗斯遭受了一场巨大的风灾，工业园所在地斯莫列维奇区大量民房被狂风摧毁，成片树

木被拦腰折断。参与中白工业园开发的中国招商局集团，第一时间送去10万美元救灾捐款，帮助当地居民重建家园。

去灾区的路上，招商局集团的工作人员路过小牛村，看见这样一幕：一位须发皆白的老人从一条泥泞湿滑的土路上走过，一辆汽车驶过，老人无处躲闪，泥水溅了一身……

工作人员连忙开车把老人送回小牛村，由此了解到，进出村子只有一条坑洼不平的土路，积雪融化或遇到多雨天气时，到处是积水，老人和孩子出行尤为困难。几十年来，村民们一直盼望政府能将这条路改建为柏油路。

招商局集团决定帮助村民，从招商局慈善基金会捐款12万美元修缮这条道路。

一个月后，一条宽5米、长1200米的柏油路建成了。

小牛村村民盼望已久的愿望，一个月就实现了。

通路仪式的这天，午后的阳光格外明媚。86岁的丽达老奶奶从自家后院亲手采摘了一篮新鲜草莓，戴上漂亮的花头巾，在孙女安妮塔的搀扶下，走出了家门。

全村100多户村民早早地来到现场，少年管乐队奏着乐曲，礼仪队举着红色和蓝色的气球，人们三三两两聚在一起，欢声笑语此起彼伏。

路两旁新栽的杨树枝叶青翠，在刚刚铺好的柏油路上投下摇曳的影子。

▲ 小牛村村民盼望已久的愿望实现了

通路仪式上，丽达老奶奶代表村民，颤颤巍巍地将这篮草莓送给了招商局的代表，嘴里喃喃地说："谢谢中国！"

为了表达对中国企业的感谢，斯莫列维奇区政府特地找到一块大石，在上面用中、俄文刻上了"中白友谊路"字样，立在小牛村村口。

小牛村的故事还远不止这些——

秋天到了，小牛村的苹果熟了。村民习惯了大自然的新旧更替，吃不了就任由它们掉落，然后腐烂。

看到这种景象，中国人觉得可惜。很快他们想出了妙招。村里人少，我们人多，何不搞个收购苹果的公益活动，杜绝浪费，让村民受惠！

创意一出，大受村民们欢迎。老人们行动不方便，"收购员"就把秤端到老人眼前称重，然后把钱交到老人手里。忙碌一上午，中国公司收购了 2400 公斤苹果——公益活动让每年吃不完烂掉的苹果变成了村民手中的卢布……

另外，招商局集团还资助了当地少年足球事业、为白俄罗斯 SOS 国际儿童村捐赠取暖设备、为中白工业园购买用于生态恢复的果树……

▼ 白俄罗斯风光

中白工业园为白俄罗斯带来了高科技和高附加值，当地人把到中白工业园工作看作光荣的事情。他们期待中白工业园的发展能够把他们带进更美好的未来。

中白工业园也为更多的企业搭建了良好的国际合作平台，他们期待着能够在园区获得欣欣向荣的发展。

这座集生态、宜居、兴业、活力、创新五位一体的国际新城，已从图纸变成了现实。

项目概况

中白工业园是中国和白俄罗斯两国共建的重要合作项目。园区位于白俄罗斯首都明斯克机场附近，规划面积 91.5 平方公里，是白俄罗斯招商引资的重点项目和引进国际先进产业技术的重要平台。

截至 2019 年 11 月，中白工业园已完成一期 8.5 平方公里道路、管网等基础设施建设，正式入园企业已达 60 家。其中，除中国、白俄罗斯两国企业外，还有来自美国、德国、奥地利、立陶宛、以色列、瑞士等第三国企业，涵盖机械设备、电子通信、新材料、新能源、生物医药、金融服务等领域。

征战埃博拉

作者：张玉雯

"再过两天就买不到机票了！"

苏索着急了："可怕的埃博拉，全世界都感到害怕，人们都在想办法离开这里，连航空公司都取消航班停飞了。"

2014 年 8 月，塞拉利昂首都弗里敦蓝茉莉海滩，这里曾经是非洲最有活力的度假胜地。但现在，度假村、酒店都关门了，唯一营业的餐厅只有苏索他们几个当地人。

椰风徐徐，蔚蓝色的大西洋，空空荡荡。

这时，苏索指着正在播放的新闻叫道："快看，世界卫生组织也讲话了。"

电视上，世界卫生组织总干事陈冯富珍正在向全世界发出声明："目前，正在非洲西部部分地区蔓延的埃博拉疫情，是近 40 年来规模最大、最复杂且最严峻的一次。新增病人数量正在迅速增长，已超出了当地卫生部门的控制能力，急需国际社会增调医生、护士、医药补给和救济品加以应对。"

他们不知道的是，中国第一批医疗队正在集结。

西非，中国医生来了！

拯救"狮子山"

2014 年春夏开始，历史上死亡率高达 90% 的超级病毒埃博拉，突然将西非沿海的几内亚、塞拉利昂、利比里亚等国家带入了地狱。致命的埃博拉病毒扫荡四方，通过体液、呼吸道等多种途径传播，迅速击溃每一个染病的患者。

塞拉利昂的疫情最为严重，是西非国家中感染者数量上升最快的国家。埃博拉让这个超过一半人口处于贫困状态、平均寿命不到 50 岁的国家雪上加霜……

在埃博拉病毒的吞噬下，不少村落和家庭支离破碎，其中有一个 40 人的村庄，39 人因为埃博拉死亡。

更为严重的是，当地本就脆弱的医疗体系几近崩溃。全国 600 多万人口，总共不足 200 名医生，现如今因感染只剩一半坚守岗位。仅存的 10 辆救护车报废了两辆，医疗防护物资几乎耗尽，有的医院连手套和针头都用光了。

"塞拉利昂"源于葡萄牙语，意为"狮子山"。

原本美丽的狮子山，此时的哭泣却令人心碎。

值此生死攸关之际，中国坚定地表明了作为一个大国所应承担的国际责任与使命，在第一时间向疫区国家提供卫生物资和其他保障性物资，并先后向塞拉利昂派遣了五

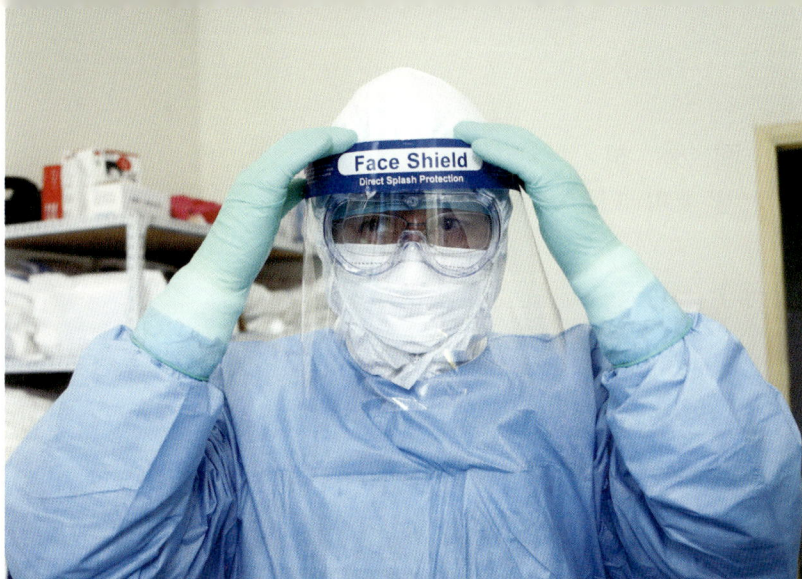
▲ 中国医疗队整装待发

批次医疗队。近 1200 名来自中国的医疗卫生人员和公共卫生专家在西非开展埃博拉疫情检测、诊治、培训和技术指导等防治工作。

在 20 多个国家的救援医疗队伍中，中国医疗队创造了日均接收病人最多、治愈率最高、全体队员零感染的救援纪录。

所以，也难怪非洲人民有一首专门创作的歌曲《消灭埃博拉》，歌词中唱道："别人因埃博拉走了，中国却因埃博拉来了！"

告别是为了未来

5 月初的长沙，傍晚还有几分清凉。湘雅医院心内科副护士长邓桂元一边听着新闻联播，一边马不停蹄地收拾

着行李。明天，她就要前往塞拉利昂了。

"据世界卫生组织此前发布的统计数字，截至今年 4 月 5 日，在埃博拉主要疫情国塞拉利昂、利比里亚、几内亚累计发现疑似及确诊埃博拉病例 25515 例，死亡人数 10572 人。应西非国家和世界卫生组织要求，中国将向受埃博拉疫情肆虐的塞拉利昂派遣第五批医疗队。"伴随播音员洪亮的声音，电视上出现了非洲疫情的画面——担架、口罩、眼神无助的妇女和孩子，还有维护治安的武装警察……

"妈妈，你要去的地方不就是塞拉利昂吗？"看着新闻，八岁的儿子浩然担心地问她："同学们说，埃博拉比战争还可怕！"

"妈妈是专业医生，不会有事的。你好好学习听爸爸的话。"邓桂元温柔地摸了摸儿子的头，又看了一眼沉默的丈夫，"放心啊，我不会有事的。"她又说了一句。

坐在飞机上，邓桂元脑海里始终徘徊着送别时儿子浩然对她说的话："妈妈，我还没想好给您的生日礼物呢。"

"浩然，妈妈什么礼物也不用，妈妈只想帮助非洲的小朋友们快快好起来，像你一样健康就很开心了！"

此刻，她的泪水终于抑制不住地涌了出来……

面对难以割舍的家人，医疗队队员们不得不强忍泪水，

▲ 援塞医疗队队员邓桂元含泪吻别年幼的孩子

但与大病初愈的患者告别，他们也经常流下热泪。

此时，中国医生们正有说有笑地欢送一位叫卡拉萨的女孩。脱掉厚厚防护服的医生们，走出病房，立刻就感受到非洲阳光的炽热和明亮，跟他们的心情一样。

几天前，卡拉萨和妈妈被送进中塞友好医院。妈妈因为感染埃博拉病毒很快去世了，而她经过中国医生的仔细查验，确诊没有感染。经过观察和护理，她可以踏踏实实出院了。

几天的相处，卡拉萨已经把一直陪伴着她的医疗队医生刘冰当成了半个妈妈，不停地挥手再见，久久不肯离去。

"你是个幸运的女孩，祝你一切顺利！"刘冰的泪水夺眶而出，"好好生活，好好学习，将来欢迎你到中国来，

▲ 欢送埃博拉患者治愈出院

到时我们再见面！"

"卡拉萨真的很幸运，不仅逃过了埃博拉病毒，而且在医疗队的协调下，她得到了联合国儿童基金会的救助。"看到卡拉萨的未来有了希望，刘冰更深地体会到：孩子们的希望，就是世界的希望。

战斗仍在继续

埃博拉病毒在短时间内难以诊断。没有感染病毒的人常常因为没有隔离措施被交叉传染，感染的病患又常常行踪不明、难以追踪。脆弱的卫生体系、非洲固有的丧葬习惯，都无异于埃博拉的加速传播因子。塞拉利昂的埃博拉病毒发迹于城市，大规模的人口流动更是造成了病毒四处急速蔓延。

面对如此致命的病毒，除了患病者的家属和亲友，其实还有另一类易染病的高危人群，那就是坚守在治病救人岗位上的医护人员们。他们在危急时刻往往将职业操守和道德放在第一位，以勇气和毅力对抗"超级敌人"。

见到塞拉利昂省立医院院长乔治时，中国医疗队组长牟劲松被这位在塞拉利昂医学界享有很高威望的同行感动了。

此时的乔治院长，浑身乏力，连站立都有些困难。但在中国医生到来之前，他一直带着医院里为数不多的医生护士，尽其所能地救治着不断被送来的埃博拉患者。

"让我先来检查一下您的身体吧！"职业的本能，让牟劲松有种不祥的预感。

在检查室，乔治院长没有喊痛，而是用尽了力气，精准描述着自己的症状。原本用于治疗的病房，反倒像是严肃的病情研讨会场。

听着听着，牟劲松的眼神渐渐暗淡了下来。因为看症状描述，乔治院长不仅感染了埃博拉，而且病情已经发展

到了最后时刻——休克、多器官衰竭。但是，牟大夫看到的却是乔治院长坚定的眼神。

"生命已经临近终点了，作为医生，乔治自己不可能不知道，他一直在跟埃博拉战斗。"牟大夫被眼前这位"病患"感动了……尽管医疗队的成员们在最后的五天时间里竭尽全力救治乔治院长，但他躺着的那张病床最终还是空了。

看着那个空空的病床，队员们的心情很复杂。因为医院也为他们准备了 15 张病床，一旦感染了病毒，这里便是他们最终的归宿。

但是，中国医生没有退缩，他们继续与病毒殊死搏斗。

不断逝去的病患、被迫撤下阵地的医生，都让医疗队成员们更加深刻地认识到，疫情防护工作是所有工作的重中之重。

但是塞方医护人员紧缺，临时抽调的医护人员和保洁人员对传染病防护的认识基本为零，这更增加了传染的危险性。

左拉妮作为上岗培训的护士之一，从未见过这么严格的防护要求。但在医疗队员们不断强调下，她还是坚持在高温下学习了 11 件防护用品的 36 道穿脱流程。

因塞方人员从未面对如此复杂的防护准备，原本只需要十几分钟的穿戴时间，往往需要一个多小时才能完成。

在此期间，不能喝水、上厕所，每次脱下防护服都是一身汗水。但是正是因为多了这 50 分钟，才使很多人与死亡之神擦肩而过。

"幸好我们都严格遵守了这套流程，不然我们就可能因埃博拉丧命了。"左拉妮感慨地说。

中国医疗队严格的防护措施，取得了"零感染"的成绩。美国、英国、加拿大的同行们先后多次来考察中国医疗队设立的防护流程，有的还重新制定了标准。"脱防护服比穿防护服更重要"的理念更是得到了国际医疗界的普遍认同。

中塞友好医院卡努院长对中国医疗队满怀感激，"我非常感谢中国医疗队，他们来之前，我们国家没有经验，没有知识。中国医疗队来了以后给我们培训，使我们学到了知识，中国为塞拉利昂留下了带不走的传染病防控队伍。"

除了为塞拉利昂留下一支带不走的专业队伍，中国还针对这款致命病毒，积极研发埃博拉疫苗。2017 年 10 月，继美国和俄罗斯之后，中国成为第三个成功研发埃博拉病毒疫苗的国家。

液体剂型疫苗对冷链保存有较高要求，相比之下，中国冻干粉针剂的埃博拉疫苗因为可以常温保存且保存期较长，更适于非洲大陆的推广。越来越多的非洲人因此不再害怕埃博拉的困扰。

▲ 中非友好代代相传

"在塞拉利昂遭遇埃博拉疫情、最孤立无援的时候，是中国政府率先驰援，带动了国际社会纷纷向我们伸出援手。"2016年12月,时任塞拉利昂总统科罗马访华时说,"感谢中国政府在我们遭遇埃博拉疫情时，对塞拉利昂给予的无私支持。"

自诞生以来，人类与疾病的斗争从未停止。直到今天，人类依然没有战胜埃博拉。但是，在灾难面前，塞拉利昂没有倒下，塞拉利昂人民没有倒下。在灾难面前，中国医生没有离开，中国援助没有离开。两国医护人员用妙手仁心共筑生死防线，用无疆大爱谱写了一曲人类命运共同体的生命赞歌。

项目概况

2014 年，埃博拉疫情在西非多国爆发。中国在国际上率先采取行动，多轮紧急驰援，开启了中国史上规模最大、持续时间最久的紧急人道主义救援行动和卫生援助行动。

在资金方面，截至 2015 年上半年，中国已累计提供四轮总价值约 7.5 亿元人民币的紧急人道主义援助，并启动第五轮后埃博拉时期疫区国家恢复重建以及面向长远的公共卫生体系建设合作。

在人员和能力建设方面，累计多批次派出医疗卫生人员近 1200 名，开展检测、诊治、培训和技术指导等防治工作。

在设施方面，运送了先进的移动生物安全三级实验室，并援建了西非地区第一个固定生物安全三级实验室；将中塞友好医院改造成具有传染病病例收治功能的留院诊疗中心；在一个月内为利比里亚建成拥有 100 张床位的当地最好的现代化传染病诊疗中心。

"老字号"马里博尔
重焕青春

作者：胡一峰

TAM-EUROPE（TAM 欧洲商用车研发制造公司）的前身是 TAM（马里博尔汽车厂），堪称"老字号"。它坐落于斯洛文尼亚马里博尔市，创立于 1947 年，曾是前南斯拉夫最大的汽车工厂，年产量曾达到 7000 台，员工超过 10000 人，在当地经济中举足轻重。20 世纪 90 年代，南斯拉夫解体，TAM 也在动荡之中开始了艰难的改制转型之路。2011 年，受金融危机的影响，企业最终宣布破产。

直到中国恒天集团及其合作伙伴联合收购 TAM（后由恒天集团全资控股），TAM 才重新焕发生机。如今，它再次走上正轨。

知名品牌再擦亮

在 TAM-EUROPE 公司，54 岁的桑雅有个响当当的昵称："行走的广告牌"。

对这个昵称，桑雅欣然接受，并以此为傲。

作为公司兴衰和重生的见证者，桑雅对公司有着非同一般的深厚感情——

"TAM 公司是一个像家一样的地方。我年轻的时候，在上班的班车上遇见了我的丈夫。我们每天一起上班，一起下班，慢慢地增进了解，后来，我们就组建了自己的家庭。

从某种程度上说，公司算是我们俩的红娘。"桑雅说。

当年公司宣布破产的时候，桑雅十分伤心。后来，中国投资方收购，让桑雅看到公司重生的希望。"他们让 TAM 这个寄托了我们人生梦想的品牌可以一直延续下去。我们也重新获得了工作机会，这太令人高兴了！"

是啊，曾经的 TAM 是她的爱情和幸福家庭的见证和保证啊！

TAM 的破产将意味着什么，不言而喻。

TAM 的重生将意味着什么，同样不言而喻。

如今，桑雅夫唱妇随——她在财务部工作，丈夫在研发部门工作。更有意思的是，小儿子大学毕业后也如愿以偿地来到公司的生产部门工作。一家三口与公司共同发展，桑雅成为许多马里博尔人羡慕的对象。

作为财务人员，桑雅虽然并不负责技术和营销，但作为一名老员工，她熟悉企业的历史，每次公司举办或参加产品展览营销等活动，她总自告奋勇，活跃在现场，充当义务讲解员。

每当有人问起公司的产品，桑雅也总能抓住重点、突出亮点，自豪地说："我们现在机场摆渡车欧洲销量排名前两位，还在研发电动客车，我们的电动客车不仅设计新颖，性能也很突出，质量过硬，受到了各国客户的喜爱和推荐。"

▲ TAM-EUROPE 公司第二代机场摆渡车在西班牙马德里机场

　　作为一名老员工，她的话总是让人感到踏实，值得信任。因此，公司的新客户们也愿意听听她的意见。

　　这就是"行走的广告牌"的由来。

　　如今，和桑雅一样，公司上上下下都对企业的未来充满了信心。

　　破产的"老字号"，重新焕发了青春！

"环保担当"美名传

2017年，全球航空枢纽城市迪拜迎来盛况空前的航空设备展，共吸引了来自英国、德国、中国等50个国家及地区的超过300家行业内知名企业、超过7500位专业人士观展。TAM-EUROPE公司携两款产品——纯电动客车以及机场VIP摆渡车，闪亮登场，赢得掌声一片。

2018年，德国的风景胜地帕绍进行电动客车公开招标。因坐落在多瑙河、因河和伊尔茨河的三河交汇处，帕绍又被称为"三河城"。该市计划将城中心公交线路的运营车辆更换为纯电动车。由于当地有一条隧道较为狭窄，TAM-EUROPE的产品拥有较小转弯半径的优势，恰好可以适应复杂路况，满足这一需求。TAM-EUROPE产品在现场试驾获得初步成功。帕绍有望成为TAM-EUROPE公司环保电动车打开德国市场的第一个城市。

这是TAM-EUROPE近年来努力开拓全球市场的两个值得纪念的瞬间。

目前，TAM-EUROPE的主要产品包括机场摆渡车、旅游车和电动客车。其中，机场摆渡车是公司的主力产品，为TAM-EUROPE品牌在国际民用航空领域不断拓宽影响力。

据统计，自启动生产以来，TAM-EUROPE已经销售机场摆渡车 300 多台，客户来自欧洲、中东、亚洲等 20 多个国家。

面对全球新能源汽车产业发展迅猛的趋势，公司又顺势而为，聚焦重点领域。"成为机场摆渡车世界第一品牌，成为电动公交车国际优秀品牌"，如今已是公司上下同心合力追求的目标和愿景。

绿色、环保是世界优秀品牌的重要标志，开拓市场也离不开苦修环保内功。对此，TAM-EUROPE 公司十分重视，并纳入了企业发展理念，在产品设计中始终加以贯彻。

2018 年 11 月，在首届中国进口博览会上，TAM-EUROPE 公司与汉能 GSE 签订合作协议。双方约定优势互

▼ TAM-EUROPE 公司在进博会上展出的电动机场摆渡车

补、共同开发太阳能车顶系统解决方案，打造全太阳能纯电动车。

"恰好你需要，恰好我专业"——此次合作可谓是强强联手。

众所周知，机场摆渡车的工作环境决定了它长时间处于太阳照射之下，特别是 TAM-EUROPE 公司的目标市场在欧洲陆上各国以及中东地区，那里正是优质太阳能辐照环境，而汉能 GSE 提供的技术正好与之匹配。

专业上的强强联手，将真正实现 1+1>2 的效果。乐观预期，未来车辆能源可以做到完全依赖太阳能。

VERO 电动客车是恒天集团收购 TAM 以后启动的一个环保战略性项目，其结构设计比较特殊。在 VERO 电动客车的研发过程中，来自荷兰的著名设计师 Henk Haver kamp 发挥了重要作用。他从客车底层结构入手，设计了具有模块化结构的 VERO 电动客车，摒弃了多数客车制造商采用在传统柴油客车结构上改进得到电动车的途径，使其具备轻量化、多场景使用、交货期短等独特优势。

VERO 电动客车项目的启动集中体现了公司的研发能力、创新能力，也是公司从传统客车向新能源客车领域历史性跨越的重要标志。

"三河城"的完美试驾，只是一个开始。

文化交融人心通

年过半百的伊格身体欠佳，他有脊柱方面的问题，但工作依然充满热情。

和所有的"前台"一样，伊格每天要处理大量的电话接听、邮件分发、信息传达等工作。这些工作比较枯燥，但关系到公司运转的效率，虽不起眼，但很重要。对此，伊格心知肚明，完成得尽职尽责，一丝不苟。

"我很喜欢自己的工作，也很开心能为这个包容奋进的集体贡献一份力量。"伊格动情地说。

在 TAM-EUROPE 公司，像伊格这样优秀的当地员工还有很多。

目前，公司已经实现了极高程度的本土化。公司 90%以上的员工为斯洛文尼亚本国居民，研发、生产、采购和综合管理等工作团队均由本国人组成。

斯洛文尼亚人民勤勉朴素，受过高等教育的人员比例较高，技术水平和熟练程度也较高，平均生产率接近西欧国家，但劳动力成本较西欧、北欧国家低廉，这为保证产品质量和保持价格优势奠定了坚实基础。

正因为这批对企业怀有深厚感情又具有熟练技术水平的员工加盟，TAM 的品牌、经验和技术实力得到了延续。

马里博尔市风光

文化的交融是人心相通的必要条件。为此，TAM-EUROPE 公司积极开展专业培训、团队建设，让双方的文化交流与理解得以不断加强。

管理层对于中斯文化的无差别尊重也收获了当地民众的广泛认可。

"老字号"的重生，不仅得益于人才的本土化，也得益于人才的全球化。这些年，公司不断吸纳奥地利、英国、土耳其、西班牙、法国等各国营销人才，建立起国际化的销售模式。他们不仅了解欧洲市场，对商用车的服务体系也非常熟悉，这为产品开拓全球市场提供了保障。

如今，在 TAM-EUROPE，跨国经营和全球发展已经成为全体员工的共识。在企业发展共同愿景的感召下，不分肤色、不分人种、不分语种的 TAM 人，都努力把个人的命运投入到共同的使命之中，为了一个共同的商业追求而相互尊重、共同发展，也为中斯人民源远流长的友好交流添上了浓墨重彩的一笔……

文章开头提到的 54 岁的桑雅的感慨很实在："破产了的老字号重焕青春，也是重续我的青春和我的幸福家庭！"

项目概况

TAM-EUROPE 原为马里博尔汽车厂，2011 年因经营不善破产，2013 年由中国恒天集团及其合作伙伴联合收购，2014 年中方全资控股。

公司成立以来，产品线不断丰富；客户不断拓展，从传统的欧洲推广到中东、东亚、东南亚等地区，现在公司拥有 SWISSPORT、TCR、MENZIES、AL SHATEI BUSINESS、AEROFLOT、DOMODEDAVO、AIRPORT、SAAS、VIENNA AIRPORT、PEGASUS 等核心客户。目前，公司主要致力于机场摆渡车、城际公交和新能源客车的生产及销售。

公司为当地创造了 170 多个工作岗位。其中，当地员工 160 名，国际员工 10 余名，吸收了大量老 TAM 公司的优秀员工，并帮助 14 名残疾人士上岗就业。

卢旺达的电商新平台

作者：张玉雯

[卢旺达] 沙米尔·阿比昆达

卢旺达,这个位于非洲中东部的"千丘之国",山川广布,风光宜人,是非洲著名的避暑胜地。这里原生态的自然系统拥有惊人的生物多样性,各类野生动物遍布其火山、雨林和广阔的平原。许多前来游玩的旅客都希望能一睹卢旺达"国宝"——山地大猩猩的风采。

从海拔 1700 米的首都基加利出发,驱车前往北部的鲁里山脉,一路蜿蜒的尼亚巴隆哥河穿梭其间。这里散布着大大小小的咖啡种植园,也诞生了以卢旺达国宝命名的咖啡品牌——"大猩猩"。

飘向世界的咖啡香气

卢旺达有着得天独厚的咖啡种植环境,雨量稳定、火山土壤,而且大部分咖啡树都栽种在海拔 1700 ~ 2000 米的高山上。

向着山间的咖啡园驱车前行,车轮下的柏油马路切换成了狭窄不平的土路。空气是那么的新鲜,似乎还能闻到咖啡豆的芳香。

这里很多村民从事咖啡种植已经三四代人了,咖啡是整个家庭的经济支柱。在这个东非国家,有约 40 万名咖啡农。过去,由于缺乏生产高质量咖啡豆的技术和设备,也

▲ 销往中国的"大猩猩"咖啡

缺少良好的国际贸易渠道和议价能力，咖啡豆的质量和价格一直得不到提升。

3月，咖啡树上的果实从绿色转为黄色，再到红色。咖啡农们知道，采摘的时候到了。

迪迪安像往常一样忙碌了起来，他小小的咖啡种植园是一家四口唯一的收入来源。从采摘到冲洗、除壳、发酵和干燥等，从果实到精品咖啡原豆的整个处理过程，要耗费近一个月的时间。尽管种植期间的付出无比辛劳，但长期出口生咖啡豆的卢旺达农民收入十分微薄。

有一天，迪迪安听说有一群中国人来到村子里，说要把这里的咖啡通过网络卖到中国。他只是当成新闻，并没有在意。毕竟，中国是个那么遥远的国家，那里的人，怎么会千里迢迢来买我们的咖啡豆？

让他意想不到的事情发生了。

2018年10月，中国电商企业阿里巴巴，将卢旺达的咖啡销往了中国。中国的消费者足不出户，就可以买到卢旺达直供的精品波旁咖啡豆。

上线第一天，全部售罄！

而在接下来的三个月，卢旺达的咖啡品牌商在阿里巴巴电商平台上，向中国卖出了2000多包咖啡豆。不仅如此，后续的需求还在源源不断地增长，其他中国企业也开始向卢旺达咖啡厂商大批订购货品，不少到访卢旺达的中国人也会专程来参观当地咖啡工厂。

不光销量变好了，价格也能卖得更好。中国的电商平台，把经过本土加工和包装的优质成品咖啡卖给中国的广大消费者，把更多的产业附加值留给卢旺达的咖啡农。省去诸多烦琐的中间环节，新的方式已经让卢旺达咖啡农和从业

▲ 中卢两国工作人员在咖啡园前合影

者们有了实实在在的获得感：每卖出 1 公斤咖啡都能比以前多赚 4 美元！

卢旺达国家发展署司长 Diane Sayinzoga 骄傲地说："中国电子商务给我们的帮助，是能实实在在感受到的！"

欢迎来到"数字卢旺达"

卢旺达地处东非，由于多山多湖，地貌与邻国并不一样，这种差异无疑是得天独厚的旅游资源。再结合特有的野生动物资源和历史文化沉淀，使卢旺达成了东非的旅游胜地。

纽恩威国家公园是非洲最大的山地雨林，横跨卢旺达东南部群山，拥有东非和中非地区最大群落的高山树林和丰富多样的野生动植物。

在阿卡盖拉国家公园，你能看到"非洲五霸"——非洲狮、非洲象、非洲水牛、非洲豹和黑犀牛，它们栖息在壮丽的山脉和美丽的草原中。

卢旺达首都基加利，是非洲大陆第一个获得"联合国人居奖"的城市。在这里，你能了解卢旺达的过去，感受历史，也能看到卢旺达充满希望的未来。

…………

然而，如此丰富的旅游资源却没有得到充分的开发。

80后旅行社老板阿妮塔，对此十分焦急。

她深知自己的祖国有多么的美丽和迷人，对卢旺达的旅游市场很有信心。她深信，世界各地的游客只要来到这里，就一定会被这里独特的美景和魅力所吸引。

但是，尽管她一直精心设计线路、不断调整服务、与顾客真诚交流，还建了一个自己的旅行网站，但是效果并没有达到她的预期。

"有人建议我试试网络销售，但我和顾客还是保持着线下交流的习惯，交易更是不会在网上完成。你怎么能相信远在千里之外的人能够按约定付款呢？"很多时候，阿

妮塔宁可少接几单生意，也还是希望选择传统、稳妥的交易方式。

不过，自从 2018 年学习应用了"飞猪旅游"的经营模式，她的想法就大大改变了。现在，她开始尝试通过网络整合资源，与各方面的力量进行分工合作，将业务带入中国市场。她发现，不仅工作变轻松了，购买她旅游产品的人也变多了！

▼ 卢旺达风光

阿妮塔感慨良多："起初我只是把它看成了线上商店而已，后来我才发现需要学的还很多。感谢中国，让卢旺达的旅游市场有了智慧旅游的概念！"

2018 年，卢旺达旅游旗舰店和国家馆上线了，这不仅是展现卢旺达风土人情的网上平台，更打开了卢旺达与全球消费者零距离交流的广阔空间。

线上旅行销售取得了很好的效果，赴卢旺达旅游人数迅速增长。在此基础上，卢旺达航空开通了卢旺达首都基加利到中国广州的航线，电商平台更是在主页对此航线做出了重点推荐和促销。借助科技的力量，未来卢旺达将迎来越来越多世界各地的旅行者。

2018 年 10 月，阿里巴巴与卢旺达政府达成共识，签署了整体合作、数字旅游、数字人才培训等三个合作协议，致力于共同打造非洲首个世界电子贸易平台（简称"eWTP"）。美丽的东非国家卢旺达，开始了"数字化"发展之旅。

数字经济的萌芽

哈古玛从事中非贸易和咨询的工作已经十几年了，作为一名企业家，他一直心系卢旺达的发展。

在卢旺达，人们每次汇款，要么需要走很远的路去镇

上的邮局，要么就是通过个人手机转账，但这需要支付很高的手续费。没有任何信用记录的农民，也无法通过贷款购买种子、化肥等农产品。

哈古玛觉得，这太需要有些改变了。

2019年4月，他参加了阿里巴巴商学院为卢旺达企业家开设的"创业者支持计划"，和30名卢旺达电商、物流、大数据、旅游以及部分传统行业的企业家们一起，学习了让他耳目一新的理念。在课程中，商学院的老师们带领他们重点了解了符合当地需求的农村网购、跨境电商，以及传统企业转型等课程内容。

经过商学院的短期培训，思维敏捷的哈古玛萌生出了新的灵感。

从商学院离开后，哈古玛立刻着手启动一个电子钱包项目。借鉴支付宝的模式，基于卢旺达农民的生产和消费数据搭建信用积分系统，方便其更快得到资金支持。"以前，我总想通过大型金融公司进行改变，现在我发现，更深远的改变，其实可以来自身边。"

类似的培训还有面向政府部门的。卢旺达的政府官员们通过培训也认识到，数字经济将帮助卢旺达缩小城乡经济差距，提高整体经济发展水平。

卢旺达总统卡加梅高度肯定了 eWTP 的重要性，表示它将为卢旺达的电子商务、旅游开辟新的前沿，也将提高

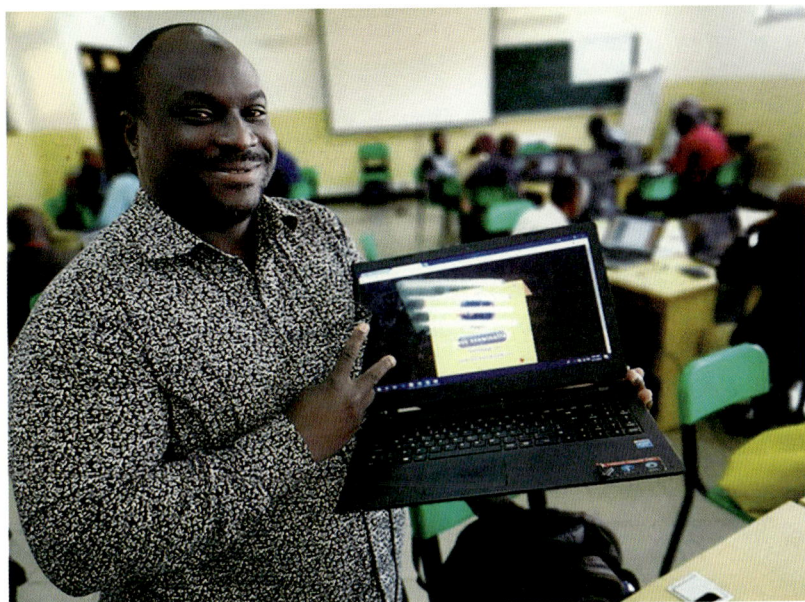

▲ 接受电商培训的卢旺达青年

卢旺达企业的竞争力。

2019年，20名经过严格选拔、品学兼优的卢旺达青年，搭乘飞往中国的航班，成为阿里巴巴商学院跨境电商专业迎来的第一批卢旺达本科生。

在数字经济的潮流中，他们将以新的方式，将一个美丽的卢旺达展现在世界面前。

项目概况

2018 年 10 月，阿里巴巴与卢旺达政府达成共识，签署整体合作、数字旅游、数字人才培训三个合作协议，共同建设非洲首个 eWTP 试点。阿里巴巴对卢旺达政府官员、企业家和高校教师开展培训；通过电商平台和自营模式为卢旺达特色产品提供进入中国市场的商业机会；与卢旺达发展署合作于 2018 年底上线卢旺达飞猪旅游旗舰店和国家馆，向中国消费者介绍卢旺达风土人情、商机和精品旅游产品。

为梦想插上翅膀

作者：马李文博 袁刚

[柬埔寨] 衡真田

65 岁的毛德，是柬埔寨斯瓦安普村的一个村民。

毛德最怕下雨。因为他的房屋是用棕榈树、竹子、纱网一点点补起来的，根本挡不住雨。每当雷电交加的暴风雨袭来，全家只能抱在一起祈祷。

但下雨也有好处，就是外面的大水缸会满，他们就有水喝，不用去池塘挑水了。

毛德有时也幻想有一个新家：不漏雨，孩子不会被虫咬，房屋再高些，以免屋下养的鸡一蹿就能上去。他还想种点辣椒，这样就能有点活钱——当然，他知道，这也只是幻想而已。

毛德的"新居梦"成真了

让毛德想不到的是，2018 年 8 月的一天，他的梦想突然被点亮。

那天，东亚减贫示范中柬联合项目管理办公室（JPMU）的中方专家组来到毛德家里，问了很多很细的问题，也了解到他的迫切需要。毛德的回答也很长，叙述着生活的各种细节。

"我们全家有五口人，老伴大我十岁。我女儿现在一个人在金边打工，我们替她管两个孩子。养的鸡经常蹿到

屋子里，屋子反倒成了鸡舍。这里除了衣服和锅、碗，最值钱的东西就是那个照明蓄电池了。我得三天去集市充次电，每次得花 1500 瑞尔（约 0.375 美元）……"

专家一边问，一边记录，现场就确定了房屋重建、修建厕所、解决照明电和饮水等帮扶措施。

看着这些中国人的眼睛，毛德感觉自己的希望来了。他筹了 350 美元，再加上 JPMU 资助的 830 美元，终于有钱翻修原来的房子了。

10 月 25 日，全金属结构的新房建成了。看着明亮的窗户，离地面近两米高的房间，毛德简直不敢相信自己的眼睛。

妻子陈伦甚至有点舍不得住进去——她喜欢站在外面看它：这栋房子太漂亮了！

▼ 毛德换新家了（左旧右新）

11月29日，水泥厕所建成了。又过了三个月，陈伦在社区活动中心和其他村民一道排队领到了一个灶台和两个灶头。

解决了住房，专家组再次回访时，讨论的是如何帮助毛德家增收。由于毛德的亲戚可以提供空地，专家组便帮助毛德种植小米椒和养牛，让他参加技能培训，并安排他的大女儿在供水项目务工，解决收入问题。

两位老人感动极了："很多年以前，种辣椒就是我们的梦想，我们一定好好干，谢谢中国的兄弟姐妹帮助了我们。"

专家组要走时，毛德还把黄灿灿的菠萝蜜和一把香蕉使劲地往中国专家怀里塞。他就来"求助"村长："你看你们这位专家不喜欢我们了。"中国专家没办法，只好吃了一根香蕉，两位老人这才满意地笑了。

▼ 当地居民的房屋重建（左旧右新）

先摸底再扶持

像毛德这样的柬埔寨家庭，都在 JPMU 的视线之中。

八九月间的柬埔寨，酷热难当，斯瓦安普村来了一群 JPMU 项目的中国专家组成员。他们显然对当地的酷热极不适应，穿着长衣长袖，还配备了当地水布防暑，挨家挨户地开展着工作。中国专家在"蒸笼"里辛劳工作的场景，感动了村民，也赢得了柬方官员的信任。

此前，他们曾经召开过乡村干部会议，讨论农户生计和农户环境项目实施的可行性。当地干部提出了许多方案，但关于贫困户的具体情况，乡里还没有调查统计过。

"我们去摸摸底，这样心里才有底。"中方项目负责人说。

于是就有了上述一幕。

摸底工作艰苦而琐碎。他们走访全村，一户不落地询问、清点、登记，仔细核实。诸如每户每半年的收入支出，土地情况，产业发展情况，是否有意向发展产业，有多少子女，是否就学，学费多少，有多少劳动力，在外打工子女多久回来看望，家人的健康情况，等等，都是专家组要了解的问题。

调查时，专家组带了一张巨幅的白纸前往项目村。七

▲ 中方专家组开展实地调研

天之后，白纸上用不同颜色的笔绘制了项目村、村民住房和每户人家的姓名，姓名用中文作了发音注释。然后，这张纸就贴在了专家组办公室最醒目的位置上。

经过艰苦的走访和调查工作，专家组最终摸清了情况：两个村共有贫困户 136 户，造成贫困的主要因素是严重缺乏卫生的饮用水；粮食安全问题没有得到解决（缺乏生产灌溉水保障、现有种植技术和品种不当、缺乏资金购买粮食、人口增长过快）；房屋破旧不堪，部分贫困户没有住房；普遍无力支付大约 200 美元的电力接入费，无法使用公共电力照明；失地贫困户数量较多；依赖薪柴作为基本生活能源等。

调查清楚后，专家组开始了有针对性的工作。他们为

100 户贫困户建了厕所，82 户贫困户接入了照明用电，
500 户农户每户发放了两个灶头和一个灶台，42 户特困户
重建了新房，178 户房屋改建也陆续开工，极大地改善了
村民的生活环境，提高了他们的生活质量。

授人以鱼还要授人以渔。

专家组在收集信息的基础上，精准地分析了每个贫困
户的致贫原因，从而对症下药，协调资源，为每户制订了
细化的帮扶方案。

比如，贫困户林沙仁有土地，房前屋后空地较多，专
家组便安排他家种植小辣椒，发展庭院经济。专家组现场
为他示范如何松土、除草、浇灌、施肥等。另外，JPMU
还帮助他家改建了住房和厨房，新建了一个牛棚，种植了
50 平方米饲草发展养殖业。

▼ 为贫困户修建的厕所　　▼ 村民领灶头

贫困户上闪改善生活的愿望十分强烈，愿意自食其力。于是，JPMU 便出资 300 美元，帮助他在家门口开办了一间小卖部，从乡镇的批发店采购一些日常生活用品和小零食出售。此举可让他家平均每月增加 60 ～ 120 美元的收入……

像林沙仁、上闪这样得到产业帮扶的贫困户，在当地多达数十户。

新房子建好后，还发生了一段小插曲。

那天，村里的人格外多，村民都站在新房外，一脸兴奋，但眼神却透露着犹豫和谨慎。

"这是怎么回事？是不是他们不满意、有意见？"专家组成员们疑惑地问道。

原来，村民们认为，这是中国人帮助他们建的新房，要经过允许后才能住进去。

专家组听了很感动——这是村民们对工作的认可，也是对他们的尊重。贫困群众特别需要他人的理解和认同，只有取得情感上的理解，才能"把好事办好"。他们当即表示：是我们没有讲清楚，新建的房屋就是你们自己的，不需任何人认可，只要你们满意，随时都可以住进去。

村民们听了，脸上全都绽开了笑容，热情地向专家组围拢过来……

楞姜迪的两次金边之旅

楞姜迪是父母的长女,也是家中唯一的劳动力。

像许多年轻人一样,楞姜迪向往外面的世界,想到金边打工。但让她尴尬的是,几乎所有招工需要的技能她都没学过。

她也下意识地寻找接受培训的机会,但在金边,面对琳琅满目的项目她不知道该学什么。最重要的是,培训费对她来说也太高了。

楞姜迪只好失望地回到家乡谢提尔普洛斯村。看到JPMU帮助修建的崭新房屋,她和其他村民一样高兴。但几天高兴劲过后,她的心情又跌入了低谷,"难道这辈子就留在这里像父母一样种地吗?我老了是不是会和他们一样,等着别人来给我建新房子?"

楞姜迪的苦恼并没有持续多久。很快,在 JPMU 出资建设的社区活动中心,村民劳务技能培训班开班了。

楞姜迪和两个项目村的 80 名村民一起参加了培训。JPMU 对劳务市场进行研究后,结合实际情况,请金边的中国面点师、农发部农经司官员以及当地富有经验的家政服务人才为他们授课。内容包括创业思维、厨娘知识、家庭生计、垃圾处理和中式面点制作等,共印发培训资料

400 份。重点是强化实操技能训练和职业素质培养，使他们达到上岗要求。

戴上厨师帽、围上围裙，楞姜迪和村民们兴奋异常，同时倍感珍惜。培训班下来，她收获满满，不仅懂得了食材的区别，更意识到了，做一个面点师需要按照程序工作，严谨、仔细，不能偷懒。最终她通过考核，如愿拿到了结业证书。

带着这份沉甸甸的结业证书，楞姜迪信心满满，再次来到金边。结果她非常幸运，在繁华的大街上，一家很大的中国餐厅正在招糕点师，楞姜迪成功通过面试，找到了

▼ 社区活动中心培训室开展技能培训

心仪的工作。

培训期间，中方专家组就联系了金边市的中资企业。培训一结束，就有六名学员被金边市面点食坊、中国餐厅、美容美发等企业录用。

这些美好的故事，在柬埔寨远没有结束。JPMU 借鉴中国的扶贫经验，找到了最适合柬埔寨项目村减贫的方法。他们为当地人民追求幸福生活插上了梦的翅膀，也在他们的心里种下了中柬友谊的种子。

项目概况

2014 年 11 月 13 日，东盟与中日韩（10+3）领导人会议上，中方提议实施"东亚减贫合作倡议"，并提供 1 亿元人民币，开展乡村减贫推进计划，建立东亚减贫合作示范点。

2015 年，中国政府确定与柬埔寨、老挝、缅甸三国进行合作，开展中国援助东亚减贫示范合作技术援助项目。2017 年 2 月，中柬两国签订项目《实施协议》，7 月，四川项目中心中方常驻专家组开始帮扶柬埔寨干丹省莫穆坎普区斯瓦安普乡的谢提尔普洛斯村和斯瓦安普村。项目执行期三年，至 2020 年 7 月 30 日结束。

中方专家组针对项目村的贫困成因，借鉴中国整村推进和精准扶贫的成功经验，因地制宜，因贫施策，以治理致贫因素和满足发展需求为导向，规划设计了以下主要项目建设内容：

1.基础设施：新建一处集中供水站，整体解决两个项目村的饮水困难；

2.公共服务：建设一处社区活动中心，为项目社区提供办公、培训、文化交流平台；

3.环境改善：针对贫困户生活现状，实施厕所修建、电力接入、省柴灶、房屋重建改建等项目；

4.生计改善：开展种植、养殖示范和加工等项目；

5.能力建设：开展项目管理培训，提高减贫工作能力，开展实用技术、技能培训，提高生产能力和务工能力；

6.技术援助：通过派遣常驻专家、短期专家，与柬方合作开展项目调研、基线调查、监测评价等工作，共同推进项目的实施管理。

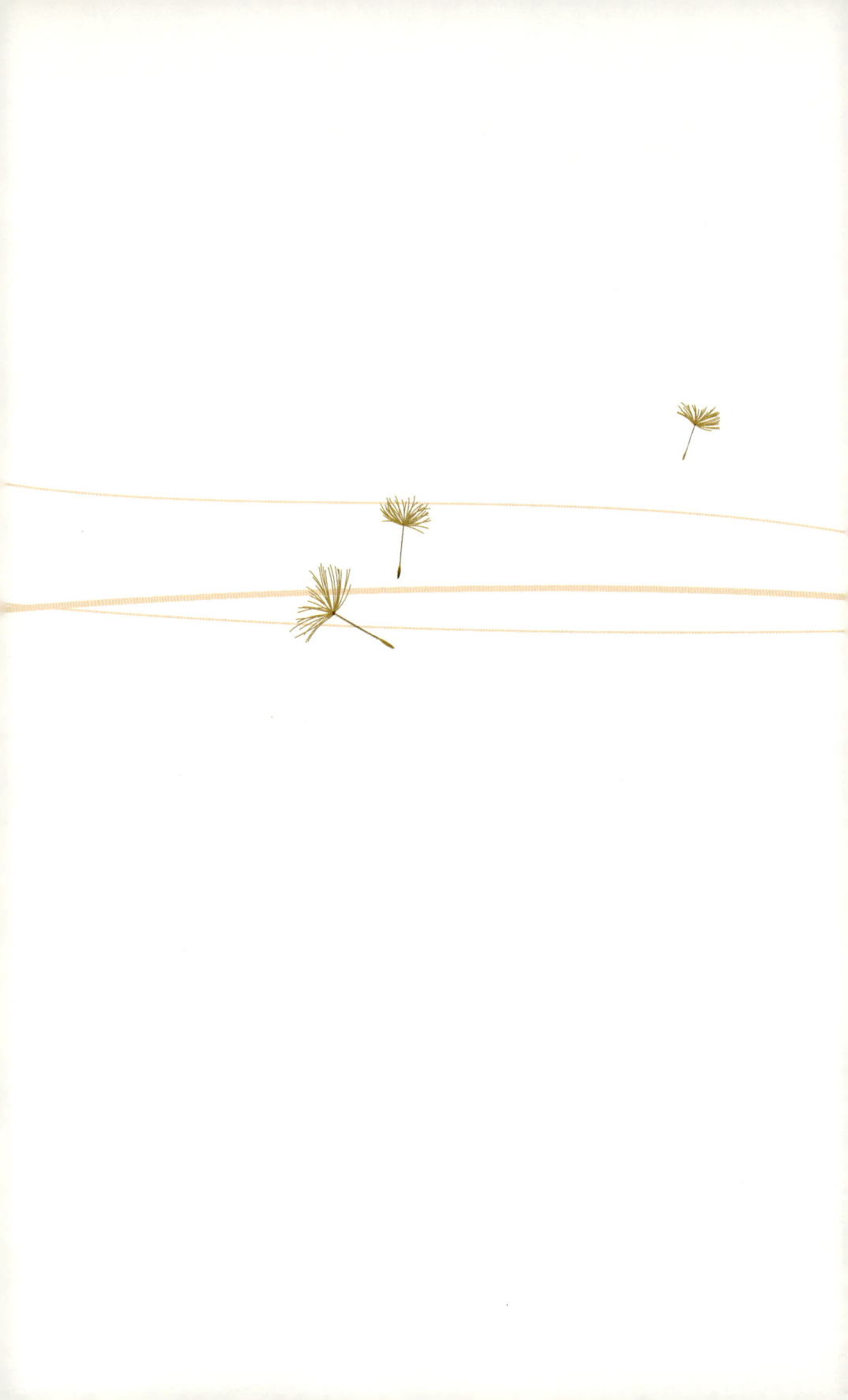

开启药品"马里造"的人福非洲药业

作者：马李文博

[马里] 乌玛·巴

西非国家马里工业基础薄弱，医药制造业几乎是一片空白。药品市场大多被昂贵的进口药垄断，整体用药水平较低，老百姓经常陷入缺医少药的困境。

2015年，人福非洲药业股份有限公司在马里首都巴马科投产，这是西非地区建设标准最高的现代化药厂。马里总统易卜拉欣·凯塔向世人宣告："人福非洲药厂结束了马里不能生产药品的历史，将使马里人民受益。"

药便宜多了

马里人民最迫切需要解决的是医疗卫生问题，它直接影响着马里国民的身体健康，也是影响经济发展的重要原因。

2015年，中非合作论坛约翰内斯堡峰会提出中非合作"十大合作计划"，"中非公共卫生合作计划"是其中之一。该计划支持中国企业赴非洲开展药品本地化生产，提高药品在非洲的可及性。

人福非洲药业是马里的第一家本地化药厂。纵横交错的沥青路、风格独特的新厂房、分工明确的操作区、高速运转的生产线、码放整齐的药剂箱、中法双语提示……整座药厂卫生整洁、秩序井然，充满了现代化气息。

药厂主要生产糖浆、混悬液及大输液。这些基础性药品因为运输不便，利润较低，当地商人谁都不愿意大量进口，过去经常出现供给不足的情况。人福非洲药业正式运营以来，兴建了口服液体制剂、大容量注射剂和固体制剂三条生产线，极大缓解了马里及周边国家的药品短缺问题。

更让马里人振奋的是，有了人福非洲药业的本地化生产，马里市场上的糖浆及大输液药品价格下降了30%。

药厂建成后，本地能够供应低价优质药，减少了采购药品的烦恼，成了医疗援助行动坚实的后盾。人福非洲药业还和马里卫生部联合成立抗疟中心，免费为当地患者治疗，并提供营养食品。

▼ 人福非洲药业当地员工

　　为了表彰人福非洲药业为马中友谊以及马里人民健康所作出的杰出贡献，2018 年，受马里总统的委托，马里授勋委员会向人福非洲药业总经理颁发了马里国家级军官勋章。这是除外国元首外，马里向外国人士授予的最高级别勋章。

高质量的非洲药品

　　2015 年，马里国家实验室质检中心收到了一批布洛芬糖浆的检测样品，这是人福非洲药业刚刚在当地生产的。因为以往都是检测进口药，当他们听说这批药是在马里本地生产的，就笃定地认为，这批药肯定和以往检测的进口药有差距。

　　经过检测，药品全部合格。

　　质检中心估计，可能因为是常规检测，指标比较少，所以才能顺利通过。为了确定这批药品质量到底如何，质检中心又悄悄把样品分别送往法国和加拿大的质检中心进行更详细的检测。

　　一周之后，检测结果出来了，工作人员简直不敢相信自己的眼睛。

　　所有指标全部合格！

▲ 当地员工正在调试现代化生产设备

　　高质量的药品离不开高标准的生产质量管理规范。人福非洲药业专门请中国武汉医药设计院对整个工厂的布局、生产全过程进行设计，配备相应的生产、检验、仓储设施，确保符合现代化医药生产的质量管理要求。

　　走进人福非洲药业的生产车间，不难发现流水线旁的制药工人都是马里当地面孔。他们有的在瓶装注射液车间里认真地观察机器运转是否正常，不时记录发现的状况；有的手法娴熟地将一排排下线的药瓶整齐摆放在纸箱内，随后再把装好的药箱整车推进附近的冷库里保存……

虽然机器轰鸣，人员不时走动，但车间内纤尘不染，从生产线的这一头到那一头，一切井然有序。

高质量的药品也离不开高水平的技术操作。人福非洲药业刚起步时，总部就从其他分公司抽调了十名经验丰富的工人师傅，指导从本地招聘的员工，直至他们熟练掌握生产线操作技能。还专门准备了一个汉、法双语版的操作规程，先在每个节点上培养出一个当地师傅，然后慢慢培训其他员工，整个过程花费了一年多时间。这些确保了操作流程的标准化、规范化。

真正的"马里造"

西非国家普遍没有形成完整的医药产业链，不仅没有本地制药厂，而且也无法生产制药所需的原辅料。马里政府寄望于人福非洲药业能够带动马里医药产业化进程，建设完整的医药产业链。

人福非洲药业建成后，不仅解决了药品生产的本地化，还积极推动供应链的本地化。目前，已经实现纸箱、标签、糖浆瓶等外包装材料的本土化采购，还吸引了包装材料生产企业来马里投资。因为药品需要配送马里及周边国家，也在一定程度上推动了马里物流业的发展。

人才的本地化也至关重要。当地工人没有医药生产经

验，技术基础比较弱，为此，人福非洲药业加大了对当地人才的培养。

30 岁出头的加马特原来是建筑工人，工作辛苦、收入少且不稳定。他听说人福非洲药业要在马里建厂生产药品，立马就去报名。通过培训和试用后，加马特正式成为了人福的一员。药厂给了他很多学习机会，仅用三年的时间，他就从一名工人成长为一名懂技术、会中文的基层管理人员。

现在，他已经是人福非洲药业生产一线的管理者，负责流程管理和设备维护。他每天的日程表总是排得满满的：

07:50-08:00 给工人分配任务，布置设备的修理和清洁；

08:00-08:30 去电力公司取回并确认用电账单；

08:30-10:00 到设备室检查运转情况，督促开工；

10:00-11:30 关停部分机器，监督流程陆续停止；

11:30-12:00 关停全部机器；

12:00-12:45 午间休息；

12:50-13:00 重启机器；

13:30-15:00 监督用水净化情况；

15:30-16:30 记录燃油消耗用量和设备运行时长，记录锅炉、车辆使用状况；

16:30-17:00 验收工人劳动成果，确认出勤，关门断电。

提起他的工作，他总是非常自豪："我们生产的都是让大家吃得起的优质药。"

现在工厂还有 200 多名像加马特一样的当地员工，从他们手里生产出的 40 多种药品，是真正的"马里造"。

联合国《2030 年可持续发展议程》提出，到 2030 年，要实现全民健康保障，其中就包括实现"人人获得安全、

▼ 马里员工学习制药技术

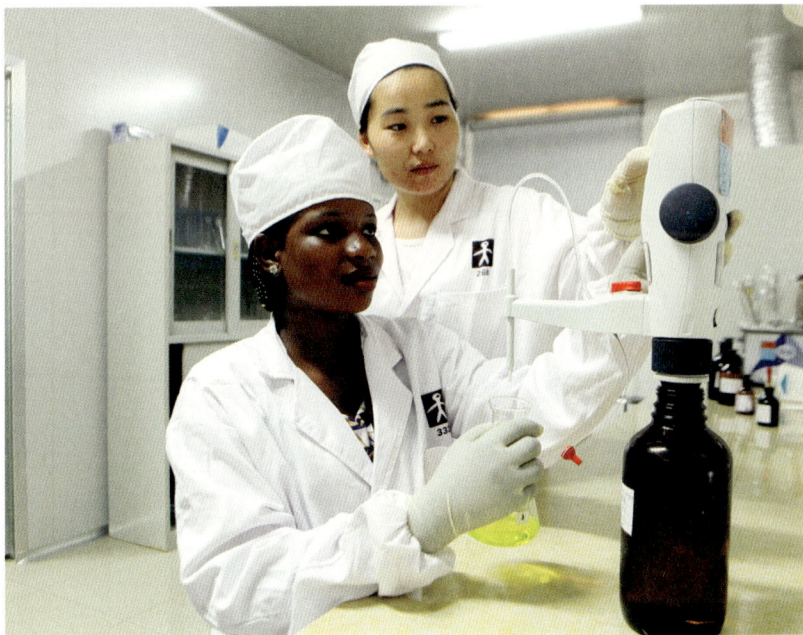

有效、优质和负担得起的基本药品和疫苗"的目标。随着药品"马里造"顺利实现, 如今马里人民已不再"望药生畏", 正飞快地向这一目标奔去。

项目概况

马里人福非洲药业股份有限公司工厂于 2015 年 1 月建成投产, 是西非第一座现代化药厂。该项目得到马里总统易卜拉欣·凯塔高度评价, 药厂生产的药品一上市便受到当地民众的热烈欢迎。

该项目建设面积 1.9 万平方米, 年产 1500 万瓶口服液体制剂、2000 万瓶大容量注射剂及 4 亿粒片剂和胶囊。产品现有口服糖浆剂、口服混悬液、大容量注射剂三种剂型。目前, 已有 70 多个品规获得生产批文, 临床应用广泛, 是西非地区技术标准最高的现代化大型制药工厂。

绿色光伏
照亮旁遮普大地

作者：张玉雯

[巴基斯坦] 哈菲兹·阿维斯

这里是克里斯坦沙漠——

寸草不生的大沙漠里居然长出了一大片的绿草，你信吗？

祖祖辈辈生活在这里的伊萨克绝对不信："这怎么可能？这里除了黄沙就是黄沙，怎么会长出草呢？还这么多！"

当伊萨克看到刚刚回到办公室的中国同事杨帅手机里的照片时，他完全惊呆了。

克里斯坦沙漠，地处巴基斯坦旁遮普省巴哈瓦尔市郊，从古至今，人迹罕至，只有无尽的当头烈日炙烤着光秃秃的黄沙，仿佛是没有人类居住的另一个星球。

沙漠长出绿草，够惊奇。比这更令伊萨克和他的同胞们惊奇的是：这片沙漠还成了他们的光明之源！中兴能源巴基斯坦900兆瓦光伏电站正式开工，项目全部建成后每年可提供清洁电力近13亿度，可以有效缓解当地用电困难，为当地经济发展和民生改善创造出更多奇迹。

不断电的日子不再遥远

旁遮普省是巴基斯坦工农业最发达的大省，人口超过1亿，一直以来用电都十分紧张。停电是家常便饭，而偏

远的农村情况就更差了，白天供电最多就三四个小时，严重影响人们的生活，也制约了经济发展。

"以前一到夏季，每天要停电 12 小时，白天严重影响工作和生活，晚上也逃不过，常在半夜两三点被热醒。好不容易买的电器也变成了摆设，蜡烛几乎成了家里的必需品。"28 岁的贾汗扎伊布·萨利姆听说中兴能源旁遮普省光电项目招聘当地员工，第一时间就报了名，"经常停电的日子，让人活得气馁。"

许多巴基斯坦人都像贾汗扎伊布这样在为用电困难而烦恼。但是，煤炭资源供不应求、进口资源成本很高，要想真正解决用电难问题，方法何在呢？

搞光伏发电！

中国中兴能源有限公司结合巴基斯坦的实际给出了切实可行的解决方案。

建设者的目光投向了克里斯坦沙漠这片荒凉之地——

虽然这里不适合人类居住，却具备光伏发电的理想条件：当地全年日照时长达 3000 小时，是世界上太阳能辐照最高的地区之一，光伏发电是理想选择。而且同建设火电站相比，虽然火电站供电量更大，但是光伏电站修建工期要短得多，能以最快速度解决部分用电需求。

如今，中兴能源光伏电站一期 300 兆瓦已全部并网发电三年多了。截至 2019 年 6 月，累计发电量约 15.6 亿度，满足了当地约 28 万户家庭居民用电需求。每天的断电时间已经缩短至一两个小时，缓解了当地的电力紧张局面。而且，与传统火力发电相比，光伏电站可降低近 17 万吨煤炭消耗，减少近 40 万吨温室气体排放。

▼ "有电了"

为了本地资源环境的可持续发展，巴基斯坦政府大力倡导绿色环保意识，计划在未来逐步提高绿色能源发电比例。中兴能源光伏电站成为巴基斯坦开拓太阳能发电的先行者，对巴基斯坦未来发展绿色能源发电具有重要的示范意义。

现在的贾汗扎伊布已经是一名班长，每天都要在电站里巡查。看到那一排排傲然挺立的光伏板，他心中会不由自主地升起满足感和成就感，"曙光就在不远的未来，不断电的日子指日可待。我觉得自己的工作特别有意义。"他说："等到光伏电站三期 900 兆瓦全部建成后，不断电的日子就到来了。"

酷暑下的挑战

在沙漠里建光伏电站，真不容易。

光是一个"晒"字，就让电站的建设者们吃尽了苦头。

6 月，沙漠里的气温达到 50℃，不要说施工，光是待着不动都已经很难支撑。在闷热得像个无边无际的蒸笼似的沙漠里，每天都有人中暑倒下。

建设初期，无水、无路、无电，所有人只能睡在集装箱里，冬冷夏热，跟直接躺在荒地里差不多。

光伏区打桩基是整个项目中工程量最大的部分，而钻孔又是打桩的第一步。如果打桩跟不上进度，后续所有工程都会被延误。但中方建设者万万没想到，巴基斯坦全国上下只找到了一支机械钻孔机队伍，根本无法按时交工。

怎么办？

工期紧迫，只能发动大家各显神通，各种"土办法"层出不穷。

那段时间，施工现场好不热闹。各式各样的钻孔方式，似乎让人看到了一部完整的钻孔技术发展史。除了一部分工人操纵着常规的大型机械钻孔机之外，还有 20 名手持小型钻孔机的工人，50 名人工挖孔的队伍，更意外的是还有工人驾驶着拖拉机改装而成的"仿钻孔机"。他们以各种装备、各种速度和各种力度的不同频率，共同打下了大大小小的桩基。轰轰隆隆、叮叮当当，这支集合了巴基斯坦各式钻孔设备的"打击乐队"，在酷热的夏季上演了一场高速度、高水平的"音乐会"。

更壮观的景象还有施工队数百人一起放电缆的场面。

电缆又粗又沉，长达几公里，需要从滚轴上拽下来，再放到电缆沟里。由于缺乏设备，只能靠人力完成。浩浩荡荡数百人的长队，竟然整齐划一地完成了任务。"One！Two！One！Two！"整齐的喊号声回荡在空旷的沙漠上，那么和谐统一，充满力量。

前后有 500 多名中国技术人员和近 3000 名巴基斯坦工作人员参加了一期 300 兆瓦工程施工，大家一起战雨季、战酷暑、战风沙、战技术难题，以高标准推进项目建设。

面对重重挑战，中巴两国的同事们成了患难与共的亲密伙伴。

建设中，巴基斯坦当地技术及施工人员在工程中边干边学，迅速成长起来，有些人甚至可以独当一面。电站并网发电后，中巴两国工程师共同承担日常运行维护工作，其中，80% 为巴方工程师。

"夏季高达 50℃的高温酷暑、无处不在的蚊虫叮咬、对远方亲人的思念，都折磨着我们，但是所有人都在坚守，只为项目早日建成发电。"中兴能源 90 后土建工程师杨帅说。

中兴能源巴基斯坦光伏电站不仅让巴基斯坦人民"光明可及"，也照亮了不同地域文明之间的沟通合作，两国员工智慧和文化的完全交融。

"睡集装箱的日子，虽然条件简陋，但是看到满地的光伏板，我就觉得值了！当我和朋友们说起我参与了光伏电站的建设时，那可是相当自豪！"坐在办公室里午休的巴方员工扎德兰高兴地拍了拍坐在一旁的中国兄弟王一鑫。

"你的兄弟们要是羡慕，可以来我们第二期应聘试试看啊。第二期马上就要开工了，也会需要很多人。"王一鑫的话，让宿舍里的其他巴基斯坦同事都笑了。

"光能绿洲"中的长明清真寺

夕阳西下，天空中的云朵映着晚霞的余晖，映红了整个天际。广阔大地上，一座洁白的清真寺也披上了绯红的外衣，静静地矗立着，祥和而美丽。

清真寺的四周摆放着不计其数的光伏板，一片蔚蓝之中雪白的穹顶格外耀眼。

"感谢光伏电站给我们保留了清真寺！而且修得比以前的清真寺更美了！"说起这座经过翻新的清真寺，电站值班主任激动不已，一旁的当地人也都不约而同地表示赞同。

原来，早在项目开工时，光伏电站的施工队便发现项目区域内有一座清真寺，是留还是拆，成了一个问题。虽然业主方明确告知施工队可以拆去，当地民众也并未表示必须要保留清真寺，但考虑到当地的宗教习惯，中兴能源还是重新修改了项目方案，最终将清真寺保留了下来。

不仅如此，中兴能源还精心地为清真寺翻新了墙体及屋顶，同时还修缮了水井，让本地的员工，甚至是周围的

村民都可以很方便地前来祈祷。

对那些在上班时间无法来清真寺祷告的工作人员，电站也在各升压站内设立了独立的祈祷室。每天下班时，广播里会传来祷告的宣礼声，提醒着信徒们到了昏礼的时间了。一些员工和附近的居民也会三三两两地结伴，朝着清真寺的方向走去。

▼ 夕阳下的光伏电站与清真寺

在这里，"尊重当地文化"绝对不是一句空洞的口号。

斋月期间，当地工人白天不进食、不喝水，难以持续工作，中方的工作人员就尽量多完成一些工作。

到了开斋节、宰牲节等重大节日，当地员工都会收到公司精心准备的礼物和过节费，参加公司组织的聚餐活动，享受带薪假期。而中方站长们则要替换那些要去参加集体

活动的当地同事们，凌晨 5 点就到岗值班，保证电站正常运行。

"我很感谢我的这些中国同事们。他们很尊重我们的文化习俗。为了能更好地跟我们交流，他们还自学乌尔都语。现在，我们也很喜欢一起打乒乓球。"刚在园区清真寺做完昏礼祷告的哈里马，一边说着中国同事，一边整理好衣服，匆匆走出清真寺，向家的方向走去。

天色已黑，但清真寺里的灯光依然明亮……

在克里斯坦沙漠里，有一片由上百万块光伏太阳能板组成的蓝色海洋。

"过去，这里就是一片荒漠，连当地人都不会到这里来。但现在，这里成了最先进的光能绿洲。"伊萨克指着周围一片片蓝色的光伏板兴奋地说："因为清洗光伏板的水顺流而下浸润到了土壤，这片不毛之地竟然长出了野草和其他一些植物，沙漠上长出植物，在一定程度上也能阻止地表的进一步沙化。这是我们建光伏电站的意外收获啊。"

而且，更让工作人员惊讶的是，光伏电站还引来了各种动物，蛇、野兔、豪猪、狼……连穿山甲都被吸引了过来。每当看见这些不请自来的小客人，寂寞的人们就格外兴奋。瞬间，连沙漠都变得热闹有生气起来了。

巴基斯坦是古丝绸之路上的重要国家，东晋高僧法显

▲ 巴基斯坦风光

和唐代高僧玄奘都到访过塔克西拉古城，犍陀罗的艺术也随着佛教翻山越岭进入了中国。

而千年之后，中国又为巴基斯坦送去了清洁的新能源，"光能绿洲"的中国方案为众人点亮了心中的明灯，在这传送的每一度绿色光电里，凝结的都是两国人民共同缔造的深厚友谊。

项目概况

中兴能源巴基斯坦 900 兆瓦光伏地面电站项目位于旁遮普省巴哈瓦尔布尔市光伏园区。2015 年 5 月，项目正式启动，2016 年 6 月，一期 300 兆瓦正式并网发电。建设过程中，项目为巴基斯坦创造了 3000 多个就业岗位，培养光伏运维工程师近百人，运维技术工人若干。

目前，已完成一期 300 兆瓦电站，其发电量直接供给巴哈瓦布地区，占当地需求电量的 30%，有效缓解了当地的电力短缺，为促进当地经济发展、改善人民生活、拉动社会就业、培养光伏人才、优化能源结构等作出了积极贡献。

中匈商贸物流
共同发展的金桥

作者：宋冉

[匈牙利] 佩特·埃尔诺

阳光下，蓝色的多瑙河携着粼粼波光宁静地从布达佩斯穿流而过，阅尽这颗"明珠"的沧桑巨变，成就这个国家的四通八达。

紧邻多瑙河的中欧商贸物流合作园区（以下简称"园区"）内，来自各国的人们零距离了解中国的特色产品；网络电商每天借助园区海外仓储平台完成数十万单交易；物流公司把来自全球各地特别是中国的商品运送到这里，又从这里将更多商品发往全球各地……

汇聚澎湃的活力

园区经过多年经营和积累，形成商贸和物流融合联动、螺旋上升式交互促进的良好格局，顺应了匈牙利政府建设欧洲物流枢纽中心的国家发展规划，为进入欧洲的中国企业和经营中国商品的欧洲企业提供了高品质、全方位的服务。

▼ 匈牙利中国商品交易展示中心外景

入驻园区的匈牙利偶像科技有限公司老板巴尔塔·阿提拉，曾经是一家波兰灯饰公司匈牙利分公司的高管，梦想能开办一家属于自己的公司。

一次偶然的机会，阿提拉在园区举办的中国商品展会上，接触到中国企业雷士照明的产品。经过几次交流，阿提拉有意和雷士照明进行深层次合作。在园区人的牵线搭桥下，阿提拉多次到中国广东考察市场。最终，阿提拉如愿成立了属于自己的公司，成为雷士照明的中东欧独家代理商，并凭借过硬的产品品质和以往积累的渠道资源，巩固了匈牙利市场，拓展了波兰、捷克、罗马尼亚和立陶宛等市场。

▼ 阿提拉公司展示的雷士照明产品

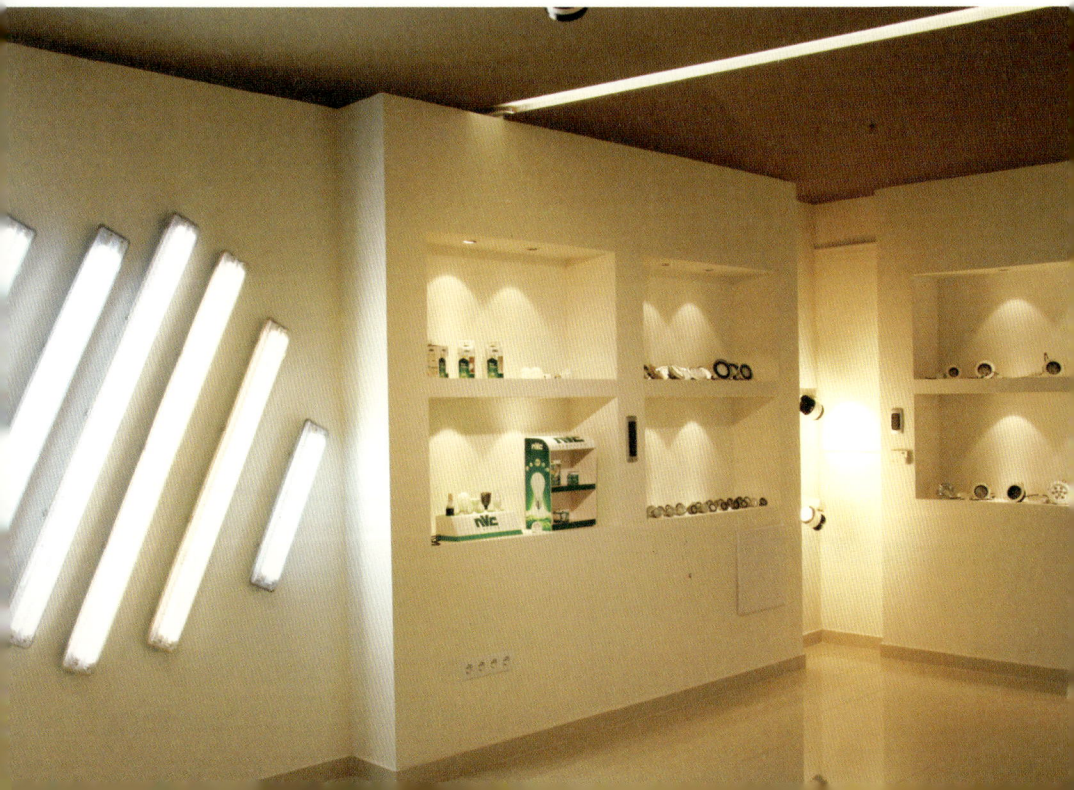

"以前我对中国企业又爱又怕。爱，是因为中国企业的产品质量确实越来越好，竞争力越来越强。怕，是因为曾经的偏见。但是物美价廉的中国产品给中东欧带来了实实在在的好处。现在，我正用中国的优质产品开拓我自己公司的市场，这让我非常自豪，因为我明智地选择了和中国企业一起发展。"阿提拉说。

在园区里，像阿提拉这样在匈牙利及东欧其他国家代理中国产品，甚至设立生产线，创立属于自己的公司，实现人生价值和财富增长的客户非常多。通过园区以及每年举办的中国品牌商品（中东欧）展览会，购买优质建材、轻工纺织、日用品、食品和健身器材的普通消费者，更是不计其数。

首批入驻园区的匈牙利本土公司——匈牙利吉百利物流公司（以下简称"吉百利"）是园区的直接受益者。此前，吉百利主要为欧洲企业提供物流服务，非常希望拓展中国业务，但因信息、渠道、推广等不到位，一直对接不上。

入驻园区后，吉百利通过园区平台获得了大量优质客户；并通过共享园区资源，联手本国企业运行了中欧班列、中欧陆海快线和空运包机等物流服务，还建立了专门服务国内跨境电商企业的海外仓。

随着新业务的拓展，公司员工由入驻时的 160 人发展到 328 人。吉百利在匈牙利本土物流业排名中，从 2014 年的第 11 名上升到 2018 年的第 3 名。说起这些入园之后的

骄人业绩，公司负责人萨博·佐尔丹激动地说："入驻中欧商贸物流合作园区，是我职业生涯中最明智的选择，和中国客户合作非常愉快。我绝对有信心在园区的平台上，把吉百利做成匈牙利最成功的物流企业。"

目前，园区实现了"一区多园"良性互动，匈牙利中国商品交易展示中心、匈牙利切佩尔港物流园和德国不莱梅港物流园均发展平稳。机械电子、建材家居、轻工纺织、电子商务、海外仓储等产业逐渐集聚，覆盖欧洲和中国主要城市的市场营销和网络配送体系已具规模，并正在规划打造以现代物流配送中心和高效商贸信息管理系统为主要支撑的综合性高科技商贸物流园区。

▼ 卡车在匈牙利切佩尔港物流园等待装卸货

2018 年，园区入驻企业达到 172 家，完成贸易额 5.7 亿美元，解决当地就业 1500 余人，其中，外籍员工 1412 人。

承前启后的里程碑

虽已形成稳定的发展架构和运营模式，但园区人并未满足。他们的目光投向了更远的未来。"合作中欧班列，打通中欧陆运通道，参与中欧经贸大走廊的构建。"——几经权衡，园区人最终作出了这样的重要决定。

2017 年 5 月 27 日，中国湖南长沙城北的霞凝货场内，伴随着列车鸣笛的轰响，"湘欧快线"长沙—布达佩斯中欧班列 X8422 次列车满载 41 个集装箱，缓缓出发。列车满载"中国制造"的电子产品、鞋服、光缆、五金、机械零配件等货物由二连浩特出境，经蒙古国、乌克兰后送达匈牙利首都布达佩斯。

2017 年 6 月 16 日，匈牙利首都布达佩斯东南部的 BILK 场站，从中国湖南首发的"湘欧快线"长沙—布达佩斯中欧班列 X8422 次列车按时到达。之后，41 个集装箱的各类中国制造的产品将经由匈牙利发达的交通物流网络，快速运抵欧洲千家万户。

这是一个历史性的时刻！"湘欧快线"长沙—布达佩斯班列的顺利运行，将传统中国至欧洲中心地区货物的运

▲ "湘欧快线"长沙—布达佩斯中欧班列 x8422 次列车

输时间周期缩短至少 10 天。

"湘欧快线"长沙—布达佩斯班列的"完美首秀"，在园区人看来，具有里程碑式的重要意义：既凝聚和告慰了此前多年的摸爬滚打、蓄势积能，也铺垫和开启了之后更加长远的厚积薄发、超越突破。首秀之后，湘欧快线平稳运行 54 列，货运量超过 2084 个集装箱，并由此拉开了平台扩容、产业集聚、服务升级全面发展的序幕。

除湘欧快线外，园区又开启与西安、成都、厦门、济南等多条直达布达佩斯的中欧班列的合作，目前，已平稳运行 68 列，运输 3057 个集装箱。2018 年，园区乘势而上，

▲ 布达佩斯—济南中欧班列

与中远中货总公司合作，顺利运行 49 列海铁联运专列，货运量达到 1911 个集装箱。园区还开启香港直飞布达佩斯的包机货运航线，目前，实现货运直飞航班 66 架次，完成货运量 5429 吨。通过在跨境运输领域的不断探索、合作与积累，园区建立了陆海空多式联运服务的新通道。

天时地利人和

回望园区多年来的发展历程，当年人烟稀少的空地已是设施完善、交通便捷的现代化商贸物流合作园区；最初

的园区人也成长为线上线下一体化综合配套服务的提供者，及中欧共同发展金桥的铸造者。

"园区，是天时地利人和的结晶，也是中匈两国传统友好、合作共赢的缩影。"这是园区人和当地群众的共识。

近年来，中东欧国家深受欧债危机大环境困扰，经济发展有待新动力。中国的"一带一路"倡议与众多国家的

▼ 多瑙河边的布达佩斯

发展规划对接，为园区发展创造了机不可失的"天时"。

匈牙利，位于欧洲"心脏"位置，有着1000多年历史，东西方文化融合，自古就是商贸往来的重要节点。匈牙利与七个国家接壤，陆海空运输四通八达，拥有完善的交通网络和发达的物流及电信等基础设施。来自其他地区的商品进入匈牙利，能够快速有效辐射欧洲大部分地区，发展

空间巨大。正是这样一个地理位置优越、整体环境稳定的美丽国家，为园区发展提供了得天独厚的"地利"。

在园区，大量中国企业在这里传播品牌、推广服务；众多本土及其他国家企业在这里发掘商机、寻求合作；来自世界各地的人们在这里淘买所好、谋求发展；园区人为促进中国企业和他国企业更好地发展与合作，提供全面细致服务，创办各类特色展览，完善多式联运网络，健全网络电商平台……所有人怀着美好生活的共同梦想在这里共同努力，共同进步，为园区发展提供了难能可贵的"人和"。

在这里，来自中国的海尔、海信、联想、格力等企业集体展示中国的品牌形象与合作共赢的发展理念。

在这里，来自不同国家的员工会相互学习，彼此成就。园区货运司机法卡斯·伊斯特万谈及中国同事就赞不绝口，"我从中国同事身上学到了很多好品质，他们严谨认真，工作积极又富有责任感。"

在这里，即使是同一领域的企业也会超越格局，谋求更高层次的合作。比如公路、铁路、海运、航空等物流公司，本来是竞争的对手，却可以联合起来，提供规模化、标准化服务，共同提高货物运转的效率，共同强化匈牙利的物流枢纽功能。

匈牙利总理欧尔班多次表示，中国通过"一带一路"

▲ 中欧商贸物流合作园区中国品牌商品展厅

倡议向欧洲开放，这与匈牙利的"向东开放"战略高度契合。从古老的丝绸之路，到今天的"一带一路"，中国与匈牙利以及欧洲其他国家的合作共赢、交流互鉴从未止步。园区只是一个小小的窗口，但透过这个窗口，我们看到了更美好的未来。

项目概况

中欧商贸物流合作园区占地面积 0.75 平方公里，建筑面积 47.95 万平方米，目前已开发面积达 13.39 万平方米。

中欧商贸物流合作园区包括三个片区。其中，中国商品交易展示中心占地 2.5 万平方米，总建筑面积 4.3 万平方米，位于匈牙利首都布达佩斯市 15 区；切佩尔港物流园占地 3.68 万平方米，总建筑面积 1.65 万平方米，位于布达佩斯市 21 区。物流园紧邻多瑙河，西北临直达奥地利与捷克的 M1 高速公路，西临可至克罗地亚与斯洛文尼亚的 M6 和 M7 高速公路，东南临可至塞尔维亚的 M5 高速公路，东北临可通向罗马尼亚等国的 M3 高速公路；德国不来梅港物流园占地 10.49 万平方米，总建筑面积 4.17 万平方米，位于德国西北部威悉河下游不来梅港附近的传统物流区内。

万村通 心相通

作者：胡一峰 万宇

科特迪瓦，萨哈拉村，一场神奇的"魔术"正在上演。

90 后张凝和几个年轻的工程师有的摆弄着机器零件，有的抡起大锤在墙上打眼。不一会儿，一口橙色的"大锅"架了起来，测试的仪器发出"嘀嘀"的声音，很快，那上面的电视屏出现了清晰的画面。

村会议室门外的露台上，村民们早早摆好了桌子，崭新的平板电视连上了刚装好的橙色"大锅"——卫星接收器。静静围观的孩子们很是惊奇，"这是什么？"他们扭头去问村长。

"这是接收数字电视信号的卫星接收器，通过它，咱们才能看到世界各地的电视节目。"

"世界各地，那离咱们这里好远好远吧！哇，真是太棒啦！"

这时，村里妇女焖好的米饭和炖肉汤的香气也从房子里飘了出来，像过节一样……

精彩世界　尽在眼前

萨哈拉村，是科特迪瓦 500 个受益于"万村通"项目的村子之一。

科特迪瓦，是非洲几十个受益于"万村通"项目的国家之一。

2015年12月4日，中非合作论坛约翰内斯堡峰会上中方宣布将在未来三年同非方重点实施"十大合作计划"。其中，包括帮助非洲1万个村落收看卫星电视，丰富非洲当地人民文化生活，促进中非文化交流和民心相通。这就是"万村通"的美好愿景。

但由于项目所在地大多相对偏远，自然条件比较恶劣，项目真正实施起来仍然面临很多难以想象的困难。

在布隆迪、肯尼亚等国，雨季时洪水导致道路中断，桥梁坍塌，车陷泥泞的情况时有发生。马达加斯加、马拉维等国的很多山区村落物资运输完全是靠"人拉肩扛"。在肯尼亚等国靠近索马里的县域，恶劣的治安环境给施工人员带来安全威胁。特别是还有许多村落语言不通，只能靠比画手势沟通解决问题。

但是，当地百姓对"万村通"的欢迎，给了项目团队克服困难的信心和勇气。

每一次安装队进村，孩子们都远远迎接一路追随，村里的妇女都会尽其所能地做些好吃的饭菜招待安装工程师们；每一次信号接通，很多村落像过节一样举行集会和庆祝，到处是一片欢乐的海洋。村民们欢聚在一起，跳着本地舞蹈，唱着歌颂中非友谊的歌曲，尽情表达内心的喜悦。

　　"我听到很多村民告诉我，第一次看电视的感觉'非凡而神奇'，终生难忘。每当看到孩子们蹦跳着向我们挥手感谢，我就感到这项工作的意义。"张凝说。

　　就这样，项目团队克服了种种困难，为人们了解外部世界打开了一扇信息之窗，也为那里的人们打开了敢于有梦、勇于追梦的心灵之窗。

　　科特迪瓦博特洛村，夜幕降临，很多村民围坐在新装好的电视机前一起看电视。库利巴利是村里的医生，他说，医院有了电视后，病人和家属在等待的时候有了消遣，病

▼ 学生们聚精会神地看着电视

痛似乎也没那么折磨人了。

村长安盖桑说："这里非常偏远，进城一趟需要几天时间，手机信号也不好，只有很少一部分拥有收音机的人，才能听到一点来自外面世界的声音。大部分人念几年书之后就放牛、砍柴、种地，挣点微薄收入贴补家用，女孩常常还没到法定年龄就早早嫁人了。现在，中国帮助我们安装了数字电视，很多村民白天干完活，吃完晚饭后都来一起看电视，让村子一下子热闹了起来。精彩世界就在眼前，人们的笑脸也多了起来。"

信息联通改变命运

"有了'万村通'，我们的老百姓是不是就能看到世界杯足球赛了？"

在"万村通"赞比亚项目启动仪式上，总统埃德加·伦古问了好多问题。

"可以。"中方团队给出了肯定的回答。

"这真是一个天大的好消息！"伦古总统高兴地说，"卫星电视能够让农村的民众接触外部的信息，这正是政府希望看到的。信息不是少数人应享有的特权，而是一项基本人权，和人身安全、清洁饮用水、可负担的医疗一样重要。"

▲ 两个年轻人好奇着村子的变化

据联合国有关数据统计，2015 年，非洲 62% 的人口居住在农村。"万村通"关注的恰恰是这部分群体——经济不发达、信息通信匮乏地区的民众。随着"万村通"项目的逐步推进，信息封闭导致的社会落后，正在悄然改变。

"万村通"项目实施前，一个赞比亚普通家庭每月需要缴纳至少115克瓦查（约60元人民币）才能收看到电视。昂贵的数字电视在普通百姓眼中是遥不可及的奢侈品。"万

村通"项目实施后,每月只需缴纳30克瓦查(约15元人民币)的收视费用, 节省了75%的支出。

目前, "万村通"为赞比亚400多个偏远学校安装了投影电视设备, 为500多个诊所安装了电视设备, 为10000个家庭接入了机顶盒, 覆盖30余万人。

这样的例子并非赞比亚一地。以前, 由于进口卫星接收器特别贵, 设备安装和收看节目的费用高, 科特迪瓦布瓦凯市郊区的贾博村少有家庭能看电视。"万村通"项目完成后, 很多人都能看上电视了。

电视信号在空中传播, 看不见摸不着, 但"万村通"给非洲农村带来的改变是实实在在的。"万村通"带来的外面的精彩世界不但扮靓了非洲农村的生活, 而且点燃了人们创造更加美好生活的信心和动力——

"我从来没有想过自己能看上电视,"9岁的尼日利亚小朋友伊尔羞涩地说, "它就像是我的另外一双眼睛, 让我一下子看到了外面的世界。原来, 世界那么大, 有那么多好玩的! "

12岁的小学生卡珊这么说: 以前从来不知道赞比亚有多大, 不知道外面的世界是什么样的, 现在从电视上学到了很多有趣的知识。"长大后我要去首都卢萨卡, 挣钱在城里买房子, 把父母接到那儿去, 过上更好的生活。"为了这个理想, 这个非洲的小小少年利用课余时间做木匠活,

▲ 安装在枯树墩上的卫星锅

一边苦练手艺，一边为自己的梦想攒路费。

"万村通"项目还促进了当地广播电视的发展，带动了就业。

项目为非洲本地培训2万多名技术人员，每年优秀员工还有机会到中国接受培训，提升专业技能和知识水平。他们学到了技术，有了稳定的收入，遍布于工程技术、市

场营销、财务管理、售后服务等各个岗位。不仅为项目可持续运营提供保障，也为数字技术未来在非洲农村地区推广和普及播种了希望。

索科是赞比亚南方省的农民。此前，由于当地连年干旱，农业收成锐减。为了维持生计，索科不得不外出打工。由于没有技术和手艺，他迟迟未能找到工作。

一个偶然的机会，他应聘成为"万村通"项目的售后人员。短短一个月，索科完成了 30 个村落卫星电视设备的调试与检修，并负责起了离家最近村落的售后维护工作。不仅有了收入，而且特别受人欢迎。

在赞比亚，像索科这样的当地售后人员就有 500 多人，他们都对"万村通"项目和中国政府充满感恩之情。正如索科说的："'万村通'不仅给我提供工作机会，而且让我学到了相关技术。这是我最想要的，中国人真是太棒了。"

为此，赞比亚总统伦古由衷地说："'万村通'对赞比亚信息社会发展具有里程碑意义，有助于提高人民的思想素质和公民意识，也有助于建立一个智慧的赞比亚，一个不让任何人落后的赞比亚。"

这也是"万村通"项目所在国的共同感受。

2019 年 1 月，"万村通"乌干达项目竣工，这是非洲第一个举行竣工仪式的国家。竣工仪式上，乌干达国民议会议长卡达加向中国政府长期以来的友好帮助表达了诚挚谢意。她说，"万村通"项目的援助将有力带动乌干达数字电视业务发展并有效改善当地的信息通信条件，为乌干达改善民生，实现联合国 2030 年可持续发展议程作出积极贡献。

卢旺达地方政府部常务秘书阿松普塔则表示，"万村通"项目提供的卫星电视将帮助村民们更好地认识世界、丰富文娱生活、提升知识技能，卢旺达政府和人民衷心感谢中国给予的宝贵帮助。

▼ 一家人收看卫星电视节目

赋能非洲共建未来

"万村通" 更深远的意义还在于改善了教育条件，打开了走向未来的通道。

乌姆毕村是赞比亚 500 个受益于 "万村通" 项目的村庄之一。这是一个远离城市中心的村子。从 100 公里外最近的镇子到这里，先要经过一片布满沼泽湿地的草原，之后要穿过一片严重沙漠化的土地。

56 岁的乌姆毕村小学校长瓦姆，一大早就站在离学校最近的小山坡上向远方眺望，前面地平线的尽头，连一只鸟都未曾飞过。

真着急啊！他举着手机寻找信号，之后拨打那个已经拨了十多次的号码。长期以来，村落和外界交流信息的唯一媒介就是瓦姆。让村里人尽快看上卫星电视，他盼了太多年。

"快到了吗？我等着你们。"

"还有五六公里就到了，你别着急。" 听到对方的回答，瓦姆一边 "哦哦" 的回应着，一面再也等不及了，从山坡向着村口一路小跑了起来……

"啊！啊！快来看呐，安装电视的车子进村啦！"

村里小孩阿杜比的一声叫喊，三四十个像他一样大小的孩子哗啦一下聚在一起，光着脚朝着越野车奔跑了起来。

强烈的阳光晒在瓦姆黝黑的额头上闪闪发亮，豆大的汗珠沿着额头掉落下来，但他顾不上擦拭，用略显干涩的嗓音连声说着"欢迎"和"谢谢"。

项目团队熟练地装完设备，又认真调试后，信号终于通了！孩子们一下子聚到教室里，好奇地围着投影设备，小心翼翼地用手在镜头前移动，看到手心里的成像，好像发现了一个新大陆，眼睛里充满了好奇与兴奋。

项目团队离开时，孩子们蹦跳着向他们挥着手，笑着说："Thank you, China！"稚嫩而真诚的声音深深感动着在场所有的人。

在肯尼亚的米利曼尼小学，项目组将太阳能投影系统安装在一个能容纳几百名学生的大公共教室。这使校长肯特激动极了："投影仪和免费的电视节目让我们能够实现数字学习，能让孩子们的视野变得更加宽广。"

投影仪设备还补充了学校师资力量的不足。那时，肯尼亚学校正在举办音乐节，要让孩子们学习舞蹈，学校一直苦于找不到舞蹈老师。现在通过投影设备，舞蹈教学变得容易多了。

学生莱卡说："第一次用投影仪上课，是数学课，学习图形。在这之前，我真是讨厌极了数学课，老师讲的什

么我根本听不懂。但是用投影仪学习数学图形，就很容易理解了。之前我数学只能考 50 分，现在能够拿到 80 分。"

67 岁的肯尼亚退休教师贝拉家自从接上"万村通"信号，生活变得丰富多了。她说："看国际新闻很重要，能让你知道世界上都发生了什么，也是进步的动力。"如今，贝拉的大孙女即将进入大学生活。受奶奶影响，她想当一名程序员，学习软件开发，利用高科技帮助肯尼亚发展。

许多村民得知学校安装了电视后，都主动把辍学已久的孩子重新送回了学校。

"万村通"项目自 2017 年 8 月启动以来，至今已为 20 多个非洲国家的近万个村庄接入了数字电视信号。

▼ 学生合影

其中，仅 2019 年 5 月到 11 月的半年时间，"万村通"项目就使非洲东南部的赞比亚、中东部的卢旺达、东部的肯尼亚、西部的科特迪瓦、加纳、尼日利亚和喀麦隆等国家的 2400 个偏僻村庄告别了没有数字电视的历史——

5 月 10 日，中国援非"万村通"加纳项目竣工，300 个偏僻村庄告别没有卫星电视的历史；

5 月 24 日，卢旺达项目竣工，300 个村庄的 900 处公共场所和 6000 户家庭接入免费卫星电视；

6 月 14 日，赞比亚项目竣工，500 个村庄的 1500 处公共场所和 1 万户家庭接入免费卫星电视；

10 月 29 日，尼日利亚项目竣工，1000 个村庄的村民自此可以收看到卫星电视节目；

11 月 14 日，喀麦隆项目竣工，300 个村庄接入卫星数字电视信号；

　　　……………

"万村通"正在让非洲偏远、贫困农村地区收听、收看世界声音，让人们了解世界，感受世界，探索世界，在每个孩子心中种下一颗希望的种子。随着时间的流逝，这颗种子将会生根发芽，长成参天大树，帮助他们走向更广阔的天地、实现更精彩的人生。

项目概况

2015年12月，中国国家主席习近平在中非合作论坛约翰内斯堡峰会上提出，中国在未来三年同非洲国家一起实施"十大合作计划"。其中，"人文合作计划"包括"为非洲1万个村落实施收看卫星电视项目"。

2017年起，四达时代集团作为实施方，开始在多个非洲国家承建"万村通"项目。目前，卢旺达、刚果(布)、乌干达、中非、布隆迪、肯尼亚、马达加斯加、马拉维、加纳、几内亚比绍、刚果（金）、赞比亚等国家已顺利完成项目验收。"万村通"丰富了非洲人民的日常生活，打破了信息壁垒，还对支持非洲教育发展起到了重要作用。

粮油丝路暖民心

作者：宋冉

　　早在公元前，中国汉朝的张骞就两次从长安出发，开始打通东方通往西方的道路。张骞使团风餐露宿，备尝艰辛，带回了西域的核桃、葡萄、石榴、蚕豆和苜蓿等作物，也把汉朝的"坎儿井"技术、丝绸、茶叶和冶铁技术等传播到康居、大宛乃至更远的安息、大秦。

　　2000多年之前的"凿空之旅"开辟出联通亚欧非的陆上丝绸之路，展开中外商贸文化交流的壮美画卷。如今，中国西安和哈萨克斯坦北哈州因为农业合作和商贸往来，联系得更加紧密了。

▼ 中国西安的丝绸之路群雕

同心共创"爱菊速度"

初冬时节，一座现代化的油脂加工厂拔地而起。高大的烘干塔、宽敞的原料库、装备现代的压榨车间，以及饼库、油罐车间等，井然有序地分布在北哈州广袤土地上。

这是西安爱菊粮油工业集团（以下简称"爱菊"）哈萨克斯坦北哈州农产品加工物流园区一期项目，中哈贸易的重要物流枢纽节点，也是爱菊集团实施跨国种植、贸易的重要基地。内可辐射北哈州乃至周边数百公里其他州，外可连接西西伯利亚平原优质农产品产地，进口俄罗斯、乌兹别克斯坦等周边国家优质小麦、油菜籽等原料。

这座设计年加工油料作物 30 万吨的工厂，仅用了不到半年时间就保质保量地建成投产，而通常情况下需要两年

▼ 哈萨克斯坦爱菊农产品加工物流园区

时间。除了建造快，工厂还实现了凝聚人心快、创造收益快。北哈州政府对"爱菊速度"惊叹不已。

"爱菊速度"不是凭空而来的。

油脂加工厂的迅速建成是中哈两国人民精诚合作、攻坚克难的结晶。压榨车间建设过程中，正值北哈州多雨的夏季，潮湿和泥泞给施工带来诸多不便。工人们穿着沉重的雨衣雨鞋，安装钢构、拧紧螺丝、吊装钢材……一天下来，在不透气的雨具里常常浑身湿透。

铺设室外电缆期间，北哈州已是冰天雪地的冬季，温度常在零下三十几摄氏度，冻土层厚度达到 2 米，硬度堪比钢筋混凝土，挖掘机作业的难度可想而知。强行开挖，挖齿开裂，用火烘烤地面也无济于事。为了提前完工提前投产，建设者们用切地机割开冻土层后，再用挖掘机作业，就这样齐心协力"与天斗、与地斗"，最终如期完成电缆铺设。

油脂加工厂投产后，爱菊更是快速凝聚人心，快速创造效益。在尊重当地员工文化特色和工作习惯的前提下，爱菊制定了人性化的奖励机制和晋升体系；悉心传授生产知识和操作技术，帮助员工拥有傍身之本。此外，以情动人，给当地员工集体过生日；帮助员工子女上学……让员工们感受到爱菊这个大家庭的温暖。

在爱菊的科学管理和北哈州员工的努力下，油脂加工厂获得了良好的发展，平均工资高出临近工厂，而且年年

▲ 哈萨克斯坦爱菊农产品加工物流园区生产车间

都有增加。这让员工能够长期稳定工作，生活品质的提高也带来满满的幸福感和获得感。

大学毕业后，耶尔肯别克就来到爱菊园区工作。此前，他家一直靠他父亲一人种地维持生活，除了秋收时节卖粮，基本没有其他收入来源。"现在我和我爸都在园区上班，每月都能拿到丰厚的工资。我们再也不用在农闲时跑到城里打临工，不用再为稳定的收入发愁了。"耶尔肯别克兴奋地说。他们父子两人已经在园区工作三年了，家里住房条件和生活水平都有了很大改善。

像耶尔肯别克这样的普通人，在北哈州还有很多，爱菊园区的建成改变了他们的人生。

园区一期项目油脂加工厂目前有 150 名员工，未来三期全部建成后，预计可直接创造就业岗位 300 多个，间接提供工作机会 1000 多个。

创新共育"订单农业"

哈萨克斯坦地广人稀，是世界上最重要的粮食生产国和小麦出口国，北哈州正是哈萨克斯坦三个主要粮食产区之一。北哈州拥有肥沃的黑土地和良好的自然条件，但由

▼ 中国西安市民争相抢购来自哈萨克斯坦的米面粮油等产品

于广种薄收、靠天吃饭和缺乏先进农业技术和设备，农民真正种田的不多，每年都有约三分之一的农田闲置。

在遵循北哈州农业土地使用相关法律的前提下，爱菊集团因地制宜，开发出适应哈萨克斯坦法律和市场需求的"订单农业"合作方式。爱菊与农场主签订粮食种植和收购合同，设定收购保护价格，联合中哈农业科研机构和签约农场主采用种子研发、种植、管理、收割、收购及存储全环节经营模式。"订单农业"根据市场行情，指导北哈州农场主种什么、种多少、怎么种，从根本上解决了农田闲置和农民"卖粮难"的问题。

然而，"订单农业"刚开始实行的时候，并不顺利。

爱菊花了两个月时间，带着1000多份合同，跑遍周边12个村庄，900户人家，最终签约的不到100户。经了解，签约率不高主要是农民对中国企业提供的种子不放心。

于是，爱菊就先和已经签约的种粮大户种植试验田，用稳定的产量和品质说话；用预付订金的方式与大农场主合作，以示诚信和诚意。在此过程中，北哈州政府给予了大力支持，越来越多的当地农民加入"订单农业"合作。

鲍尔江是北哈州的一位农场主，拥有2万公顷土地，从前经常为粮食没销路、卖不上好价钱发愁。爱菊园区油脂加工厂的建成投产给他带来希望，而"订单农业"合作模式推广之后，鲍尔江的希望变成了现实。过去闲置的土地充分利用起来，收获的粮食也完全不愁销路，鲍尔江的干劲越来越足。他说："这都是爱菊给我指明了方向，也给我吃了定心丸。我再也不用为种什么发愁，也不用担心粮食卖不上好价钱了。"如今，鲍尔江逢人便夸爱菊和"订单农业"的好。

让"订单农业"合作模式效应进一步升级的是中亚班列"长安号"的开通。它缩短了运输距离、提高了运输效率，而爱菊特有的散粮集装箱发运方式则降低了运输成本，压缩了运输时间。目前，从哈萨克斯坦将小麦等原料运抵西安的时间由原来的25天缩短至10天，运输能力也从每集装箱21吨提高到27吨。

▼ 满载回程的"长安号"

鲍尔江的小麦在北哈州丰收后，经过"长安号"10天的运输，在中国西安浐灞生态区主食产业化基地完成3天的加工和相关检验程序后，即可进入商超，登上西安市民老百姓的餐桌。

"长安号"不仅仅带回哈萨克斯坦的优质小麦、食用油等产品，还有蛋、奶、蜂蜜、牛羊肉等特色农产品，扩大了两国的出口规模，丰富了产品品类，实现了双赢。目前，哈萨克斯坦正在落实"光明之路"政策与"一带一路"建设的对接，这将带来广阔发展前景。

大爱共建"温暖之州"

爱菊带给哈萨克斯坦北哈州人民的不仅有实实在在的收益，还有温暖和爱。

2017年，爱菊在北哈州阿依玛克村购买了一座粮库。村里仅有的一所学校建于20世纪60年代初期，条件简陋，年久失修；尤其是护栏缺失，近百个学生的安全难以保障。爱菊了解情况后，及时为学校购买并安装了护栏，守护了这近百个孩子的安全以及更多个家庭的圆满。

学校的供暖设备在超长期"服役"后，管道一些地方已经削薄到无法电焊的地步。之前，学校都是用防水胶带裹缠，但效果并不明显也不长久，供暖设备近乎摆设。没有暖气，孩子们可能要在哈萨克斯坦寒冷刺骨的冬天，坐在没有暖气的教室里缩手缩脚地学习，爱菊就在冬季到来之前，为学校购置安装了全新的暖气设备，让孩子们能够在温暖舒适的环境中汲取知识。

爱菊为当地人民做的远不止这些：他们每年都会为学校里的特困生购买学习用品，缴纳相关费用；定期看望生活不便的耄耋老人；资助家庭贫困的单亲母亲……当地政府及学校也没有忘记爱菊的善举，每年也都会为公司颁发奖状，感谢爱菊给学校和村子带来的帮助。

▼ 爱菊资助的贫困学生

2000 多年前，古丝绸之路以长安城为起点，架起了中国与中亚、西亚、欧洲贸易和交往的桥梁。两千多年后，驼铃声远，物换星移，"一带一路"建设跨越万水千山，联通更广阔空间；和平合作、开放包容、互学互鉴、互利共赢是穿越古今的不变烙印。

项目概况

2016 年，中哈爱菊农产品加工园区破土动工，项目总占地面积 5000 亩，计划总投资 10 亿元人民币。园区一期项目油脂加工厂占地面积 160 亩，包括烘干塔、原料库、压榨车间、饼库、油罐区及其他配套设施，设计年加工油料作物 30 万吨。园区拥有仓容 5 万吨粮库和 4 条铁路专用线，并与哈萨克斯坦 20 多个农场主签订"订单农业"合作协议。

建成后的哈萨克斯坦爱菊农产品物流加工园区，成为境外产地枢纽，中哈贸易的重要物流枢纽节点，中欧货运班列的关键节点。内可辐射北哈州乃至周边数百公里其他州，外可连接西西伯利亚平原优质农产品产地，进口俄罗斯、乌克兰等周边国家优质小麦、油菜籽等原料。

后 记

在共建人类命运共同体的强大力量感召下，共建"一带一路"国家每天都在上演着不同的人生喜剧，每天都在产生着众多的精彩故事。

一段段动人故事，在讲述实现梦想的共同行动；一副副鲜活面孔，在分享幸福美好的共同感受。

承载着渴望与梦想、辛勤和汗水，由商务部组织编撰、商务部国际贸易经济合作研究院（简称"商务部研究院"）具体编辑的《共同梦想——"一带一路"故事丛书》第一辑、第二辑，历时一年，终于与读者见面了。

丛书编撰过程中，

得到了许多领导同志的关心指导，

得到了相关部门和驻外使领馆的大力支持，

得到了众多企业的积极配合，

得到了媒体朋友和国际友人的鼎力相助，

············

在此，致以衷心的感谢！

共建"一带一路"正走在高质量发展的路上，精彩故事每天都在继续。丛书将陆续推出后续分辑与读者分享。

我们满怀激情，以高度的责任感从事编撰工作，但难免考虑不周、水平有限，难以尽善尽美。不足之处，敬请读者理解包容。

图书在版编目（CIP）数据

共同梦想 / 商务部研究院编 . -- 北京：中国商务
出版社 , 2019.12
（"一带一路"故事丛书 . 第二辑）
ISBN 978-7-5103-3234-0

Ⅰ . ①共… Ⅱ . ①商… Ⅲ . ①"一带一路"—国际合
作 Ⅳ . ① F125

中国版本图书馆 CIP 数据核字 (2019) 第 281934 号

"一带一路"故事丛书（第二辑）

共同梦想
GONGTONG MENGXIANG

商务部研究院 编

出　　　版：中国商务出版社
地　　　址：北京市东城区安外东后巷 28 号　　邮　编：100710
总 发 行：中国商务出版社发行部
网　　　址：http://www.cctpress.com
邮　　　箱：cctp@cctpress.com
排　　　版：北京世纪舒然文化发展有限公司
印　　　刷：北京联合互通彩色印刷有限公司
开　　　本：787 毫米 × 1092 毫米　1/16
印　　　张：16.75　　　　　　　　字　　数：168 千字
版　　　次：2020 年 1 月第 1 版　　印　　次：2020 年 1 月第 1 次印刷
书　　　号：ISBN 978-7-5103-3234-0
定　　　价：69.00 元